# こども
# 学習指導要領

監修 石井英真 京都大学大学院
教育学研究科准教授
こども学習指導要領編集委員会 編

日本標準

## 読者のみなさんへ ●●●●●●●●●

　学習指導要領という言葉を聞いたことがありますか。
学校で、何を、どういう順序で、教わったり学んだり
するのかという教育の計画や、実際に学んだ足あとのこ
とをカリキュラムといいます。学習指導要領というの
は、日本の学校でカリキュラムをつくるときの大もとに
なるもので、教科書や授業で何をどう扱うかについて決
めている文書です。

　学習指導要領をもとに作成される教科書は身近です
が、その大もとにある学習指導要領自体は、先生方に
とっても、少し遠い存在で、ましてや子どもであるみな
さんにとっては、ほとんど目にすることがないものだと
思います。しかし、今使われている学習指導要領は、先
生だけでなくて、子ども自身、そして、家庭や地域の
大人たちが内容を知って活用する「学びの地図」だとさ
れています。そこで、この『こども学習指導要領』では、
難しい言葉で書かれている学習指導要領の文章を、子ど
もたちでも読めるようにしようと試みました。

　似たような試みに、さまざまな法律を子どもでも読め
るようにした、『こども六法』（弘文堂）という本があり
ます。『こども六法』のホームページには、「子どものと

きから、やってはいけないことの線引きをきちんと理解すること。また、もし自分が犯罪の被害にあってしまったら、現状を正しく理解し、適切な対応が取れるようにという願いで制作されました」*とあります。法律を知るからこそ、虐待やいじめに自分で気づいて、声を上げたり、身を守ったりすることもできます。

　『こども学習指導要領』では、まずはそれぞれの教科の目標・内容について、学習指導要領の言葉自体を子どもにもわかりやすいものに書きかえてみました。学習指導要領は言葉が難しいだけでなく、書いてあることの中身自体が理解しづらい部分もあって、中身をかみくだく作業も必要で、そこも少し補ったりしました。

　学習指導要領を見ると、なぜその教科を学ぶのかということが多少なりとも示されていますし、学んでいる内容どうしのつながりや、どういう学びをめざしているのかも知ることができます。「学習指導要領にこんなふうに書いてあるから授業でこんなふうにやっているんだ」といった気づきや納得もあるかもしれません。逆に、学習指導要領の文書を読んだうえで、改めて、「なんでこれを学ぶ必要があるの？」「なんでこうしないんだろ

* https://www.kodomoroppo.com/

3

う？」と疑問を感じることもあるでしょう。

　そもそも学習指導要領は絶対ではなく、「大綱的基準」とされています。つまり、カリキュラムの内容の大わくを定めるものです。それをふまえたうえで、実際にそれぞれの学校や教室で、子どもたちのようすに応じて個性的にカリキュラムをつくっていくことが大事にされています。

　教科書にしても、「主たる教材」とされています。それを使って授業はするのだけれど、その内容を教えるのであれば、ほかの素材や場面を使ってもいいのではないかと、子どもたちが楽しくわかる授業ができるよう先生が工夫することが大事だとされています。

　それぞれの学校でカリキュラムをつくっていくというときに、大人である先生がカリキュラムをつくるというだけでなくて、子どもであるみなさんも交えて、いっしょにつくっていけるとよいなと思います。子どもであるみなさんが、「この内容は自分たちにとって大事だ」、逆に「これは少し軽めに扱ってもいいんじゃないか」「こういう内容や問題についてもっと学びたい」「こういう学びを創っていきたい」「学校を卒業するときに、これ

を身につけて、こうなって巣立っていきたい」といった声を、目の前の先生に伝えて、いっしょに話し合ったり考えたり、さらに、より広く社会や国に向けて直接問いかけたり提案したりもできるとよいと思います。

　学習指導要領や教科書のために子どもの学びがあるのではなく、学習指導要領も教科書も子どもであるみなさんのためにあるのです。

　『こども学習指導要領』をきっかけに、学習指導要領そのものも見たりもして、「子どものためを思って……」という大人の想いや考えも知ったうえで、それでも自分たち子どもの立場から見たときに、疑問に思うこと、納得がいかないこと、自分たちの今や未来にとって本当に大事なことについて考える。そうして、自分たちの学びや教育のあり方について、他人が決めたことをこなすのでなくて、自分事として大人たちといっしょに考える。そんなふうに、みなさんの力で自分たちが受ける教育や学びを変えていく動きに向けた小さなきっかけになれば幸いです。

2024 年 2 月

石井英真

5

# こども学習指導要領　目次

# 『こども学習指導要領』について

## ○「学習指導要領」とは

全国のどの地域で教育を受けても一定の水準の教育を受けられるようにするために、文部科学省では基準を定めています。これを「学習指導要領」といいます。

## ○『こども学習指導要領』について

この本は、2017年3月に文部科学省から告示された「小学校学習指導要領」を、子ども向けにやさしくわかるように書き直したものです。

## ○掲載内容について

この本は、子ども自身が小学校でどんなことを勉強するのかがわかることを目的としていることから、各教科などを中心に掲載し、総則、特別の教科 道徳、特別活動などは省略しました。

## ○教育用語について

重要な用語についてはそのまま使っていますが、できるだけ子ども向けにわかりやすい言葉に置き換えています。そのために、一部に正確さよりもわかりやすさを優先した表現があります。

## ○漢字表記について

小学校で学習する漢字を使用し、ふりがなをつけています。

## ○「小学校学習指導要領」を正確に知りたい方へ

「小学校学習指導要領」は文部科学省のウェブサイトに掲載されています。

# 今の学習指導要領が大事にしていること

## 学校で身につけてほしいものって？

　学校に行く意味ってどこにあるのでしょう。将来や受験のために勉強して学力をつけるためとか、集団生活を通して社会性を身につけるためとか、いろいろ考えられます。それらもひっくるめて、社会に出たときに困らないように、そして、人生の選択肢や自分の考えや生き方の幅を広げて、自分らしいよりよい生き方を追求していくうえで身につけておいてほしいと思っていること、それを学習指導要領では「資質・能力」という言葉で呼んでいます。時代の変化などに対応するために、学習指導要領は大体10年ごとに変わるのですが、今の学習指導要領は、この「資質・能力」を育てることを大事にしています。

　学校で身につける力という意味では、テストで点数が取れる力だけでなくて、考える力などもふくめて広い意味で「学力」という言葉を使ってもいいのですが、「学力」という言葉だと、教科の知識や思考力といった、頭を使うことというイメージが強いでしょう。でも、「資質・能力」という言葉だと、教科に限定されずに、教科を超えて、また総合的な学習（探究）の時間や特別活動

もふくめて、学校生活全体のなかで育まれるもので、粘り強くやりとげることや、感じることや、コミュニケーションすることとか、頭だけでなくて心も大事にするという意味を強調することができるのです。

　今は変化が激しくて先が見えにくい社会だと言われて、正解のある問題を手際よく解いたり素早く答えを出したりすること以上に、正解のない問題について、その状況で一番納得できる解決方法をみんなでつくっていくことが大事になってきています。早く正解を出すだけなら、知識を覚えたりやり方をくり返し練習したりするのでいいけれど、それだけでは今の世の中じゃ通用しない。では、内容を身につける以上のものとして、社会で活躍していくためには何が大事なのでしょうか。そんな実際の社会で求められる実力を「コンピテンシー」と言うのですが、「資質・能力」は、その日本語での言いかえなのです。

## 資質・能力って要は学ぶ力？

　「『資質・能力』って、自分たちが大人になるとき今はまだない職業につく可能性が高いというような先が見

えにくい社会でも、柔軟に対応できる学ぶ力や主体性が大事ってことでしょ、魚を与えるより釣り方を教える方が大事っていうし。」そういったとらえ方は、おおよそ間違いではありません。でも、だからといって内容がいらないということではありません。

　たとえば、同じ点と違う点をあげるといった比較する一般的な手順を教われば、どんな内容でもうまく比較できるというわけではありません。室町幕府と江戸幕府を比べるにしても、同じ点と違う点をあげて終わりではなくて、比較する視点が重要ですし、知識がないと比べ方も的外れになってしまう。専門的な知識があってこそ考えが深まるし、深く考えながら内容を理解することで、集中力や考える力や伝え合う力もついてきて、学ぶことが楽しくなってくるものです。

　なので、学習指導要領では、それぞれの教科について①知識・技能だけではなくて、②思考力・判断力・表現力等、③学びに向かう力・人間性等という３つの柱で資質・能力を考えることにしました。「知識・技能」といっても、人名や公式とかを覚えるだけじゃなくて、それらをつなげて深く理解して、社会の中で生かせる知識に

していくことが大事です。そして、その「知識・技能」をどう使うかという、未知の状況にも対応できる「思考力・判断力・表現力等」、さらに、学んだことを社会や人生に生かそうとする「学びに向かう力・人間性等」も合わせて、まるごと高めていくことが大事だとされています。

## それぞれの教科を学ぶ意味って？

　教科の内容や知識を学んで終わりでなくて、筋道立てて物事を考えたり、人とうまくコミュニケーションしたり、くじけずにやりとげたりする力などを育てることが大事だということになると、それぞれの教科を学ぶ意味はどこにあるのでしょう。受験に必要だからとか、これくらいは常識として知っておいた方がいいとか、そういうのがなければ、今の教科は必要ないのでしょうか。家庭科や英語科みたいに、学んだ内容が、日常生活や社会に出たときに生かせると思いやすい教科や分野もあります。しかし、その教科を学ぶことの意味は、教科の中身だけではなくて、その教科ならではの物事のとらえ方や頭の使い方からも考えることができます。それを学習

指導要領では、教科の「見方・考え方」という言葉で呼んでいます。

　「数学的な見方・考え方」は、「事象を数量や図形及びそれらの関係などに着目してとらえ、論理的、統合的・発展的に考えること」とまとめられています。難しい言い回しですが、説明すると、たとえば、友達どうしでお菓子を平等に分けるといった場面を、お菓子の量に注目してそれを数で表して、お菓子に限らず、何かを等分する場面ならわり算で同じように計算するという具合に、算数や数学の学びの特ちょうは、日常生活とかで出合う物事を、数や形やパターンに注目してとらえて、筋道立てて問題を解決したり、いろんな場面や考えをつないで一般化したりしていく点にあります。

　物を平等に分けるという場面は、数学的な見方・考え方からすると、数量として均等に分けることということになりますが、平等とか公正に分配するとはどういうことかという概念のレンズを通して物事をとらえる、「社会的な見方・考え方」からすると、単純にわり算するだけでは終わらないことがわかってきます。こんなふうに、同じ物事をあつかっていても、教科によって、それ

＊本書の各教科の本文では「見方や考え方」としています。

をどういう問題としてとらえて、どう解決するか、どう考えるか、まさに物事の見方・考え方が変わってきて、そこにその教科の特ちょう、その教科らしさや本質が表れるのです。

## なぜ「見方・考え方」が大事にされているの？

　教科の見方・考え方は、それぞれの教科等をなぜ学ぶのかという意味を明らかにしてくれるのですが、なぜ学習指導要領でそれが重視されているのでしょうか。資質・能力を大事にしていると言われる学習指導要領では、教科の学びも内容を学ぶだけでは終わりません。たとえば、五角形の内角の和の求め方を習得するだけでなくて、友達と解き方を共有して、議論したりする中で、三角形に分けることで他の多角形の内角の和も同じように求められるんじゃないかと、統合的・発展的に考えることにつながっていく。こんなふうに、先生が内容を教えるよりも、子どもたちが自分たちで活発に学んでいくなかでその教科の見方・考え方が働いてこそ、質の高い学びにつながっていくのです。教科として深い学びというとき、知識量が多ければ深いというわけではなく

て、見方・考え方を働かせながら内容を掘り下げてこそ、理解が深まり、科学者や芸術家のように考えたりして、その教科の大事な頭の使い方を深く経験することができるのです。

　さらに、資質・能力を育んでいくためには、それぞれの教科を超えて学びをつなげたり、総合的な学習（探究）の時間等で、横断的・総合的な学習に取り組んだりすることが大事になってきます。そして、各教科で見方・考え方を整理してみると、内容にこだわらずに、社会科っぽい場面を数学的に追究したり、理科っぽい数学もでてきたりと、今までとは違った教科の学びが発見できたり、いくつかの教科で共通する部分も見えてくるかもしれません。さらに、社会問題や自分の関心のあるテーマを探究する総合学習で、各教科の内容だけでなく、見方・考え方がどう働いているのかに注目することで、教科とのつながりが見えやすくなるでしょう。

　『こども学習指導要領』を読んで、みなさんの学びに役立ててください。

# ① 国語

## 1. 国語を学ぶ目標

言葉によるものの見方や考え方をはたらかせ、言葉を使った学習活動を通して、国語を正しく理解し、ふさわしい表現ができる力を身につけましょう。

（1）ふだんの生活の中で使う国語について、言葉の意味やはたらきを理解し、正しく使うことができるようになりましょう。

（2）ふだんの生活の中で人と関わり合いながら、言葉で伝え合う力を高め、考えたり想像したりする力を身につけましょう。

（3）言葉のもつよさがわかるとともに、よりよく使うために言葉の感覚を豊かにしましょう。

　国語の大切さがわかり、国語を大切にしながら学んで言葉を使う力を高めましょう。

## 2. それぞれの学年の目標と学ぶ内容

### 〔1年生・2年生〕

#### 1. 目標

（1）ふだんの生活の中で必要な国語の知識や言葉の使い方を身につけましょう。

　言葉のもつよさや豊かさにふれ、そのよさを知りましょう。

（2）順序立てて考える力や、いろいろな事がらを感じたり想像したりする力を身につけましょう。

　ふだんの生活の中で人と関わり合いながら、言葉で気持ちや考えを伝え合う力を高め、自分の思いや考えをもつことができ

るようになりましょう。

（３）言葉のもつよさを感じるとともに、楽しんで読書をし、国語を大切にして、自分の思いや考えを伝え合うことのよさを感じとりながら学びましょう。

## ２. 学ぶ内容

### 〈知ること・できるようになること〉

（１）言葉がもつ特別なはたらきや、言葉の使い方を学びましょう。

　ア　言葉には、ものごとの内容を伝えるはたらきや、自分で見たり聞いたりしたりしたことを伝えるはたらきがあること。

　イ　言葉をつくっている音の区切りと文字との関係、アクセントによる言葉の意味のちがいに気づき、姿勢や口の形、声を出すことや出し方に注意して話すこと。

　ウ　長音（のばす音）や拗音（ねじれる音）、促音（つまる音）、撥音（はねる音）などの書き方や、「は」「へ」「を」の使い方、句読点やかぎ（「　」）の使い方を覚えて、文を書くこと。また、ひらがなとかたかなを読み書きできるようになり、かたかなで使われる言葉の種類を知って、文や文章で使うこと。

> 身の回りには、メロン、バス、プールなどのかたかなを使う言葉がたくさんあります。かたかなを読んだり書いたりできるようになろうね。

19

エ　１年生は、１年生で習う漢字の表の漢字を読み、少しずつ書くこと。

　２年生は、２年生で習う漢字の表の漢字を読むこと。また１年生で習う漢字を書き、文や文章の中で使い、２年生で習う漢字を少しずつ書き、文や文章の中で使うこと。

オ　自分の身のまわりのことを表す言葉を増やして、話すときや文章の中で使うこと。

　果物の名前を表す言葉（バナナ、もも、みかん）や気持ちを表す言葉（うれしい、つらい、楽しい）など、言葉には意味によってわけられるまとまりがあることを知り、使える言葉を豊かにすること。

カ　文の中での、主語（なにが・なには）と述語（どうする・どんなだ）との関係を知ること。

キ　ていねいな言葉とふつうの言葉のちがいに気をつけて使い分け、「です」「ます」を使ってていねいな言葉で書かれた文章に慣れること。

ク　言葉のまとまりや響きなどに気をつけて、声に出して読むこと。

（２）話や文章にふくまれる情報の扱い方を学びましょう。

ア　同じところやちがうところ、事がらの順序など、情報と情報との関係についてわかること。

（３）言葉のもつおもしろさや豊かさを学びましょう。

ア　昔話や神話・言い伝えなどを聞いて、昔から受けつがれてきた言葉のおもしろさや豊かさにふれること。

イ　しりとりやなぞなぞなど、いろいろな言葉遊びをしながら、言葉のもつよさや楽しさに気づくこと。

ウ　書写について次のことを学び、使うこと。

（ア）姿勢やえん筆、フェルトペンなどの持ち方を正しくして文字を書くこと。

（イ）点や線の書き方や文字の形に気をつけながら、正しい筆順でていねいに書くこと。

（ウ）点や線の接し方やまじわり方、長さや向きに気をつけて、正確に文字を書くこと。

エ　読書に親しみ、物語、絵本、図鑑などいろいろな本があることを知ること。

〈自分で考えたり、判断したり、表現したりする力〉

A 話すこと・聞くこと

（1）「話すこと・聞くこと」について次のことを学びましょう。

ア　自分の身のまわりのことや見たり、聞いたり、したりしたことから話したいことを決めて、伝え合うために必要なことを選ぶこと。

イ　相手にわかりやすく伝えるために、見たり聞いたりしたことをもとに、話す順序を考えること。

ウ　伝えたいことや相手に合わせて、声の大きさや速さなどをくふうすること。

エ　話している人が知らせたいことや、自分が聞きたいことを聞きのがさないように集中して聞き、話の内容をしっかりわ

かって感想をもつこと。

**オ**　話している人の話をもっと知りたいという気持ちをもって聞き、質問したり感想を伝えたりして話をつなげていくこと。

（2）（1）の「話すこと・聞くこと」を学ぶために、次のような学習活動をしてみましょう。

**ア**　友達と自分の紹介したいこと、説明したいこと、知らせたいことなどを話したり、それらを聞いて声に出して確かめたり、感想を話したりする活動。

**イ**　友達や班などで、自分から質問したり、聞かれたことに答えたりして話し合う活動。

## B 書くこと

（1）「書くこと」について次のことを学びましょう。

**ア**　見たり、聞いたり、したりしたことや想像したことなどから書くことを見つけて、必要な事がらを集めたり確かめたりして、伝えたいことをはっきりさせること。

**イ**　自分の思いや考えがはっきりするように、事がらの順序にそって、「初め」「中」「終わり」などのように簡単な組み立てを考えること。

**ウ**　言葉と言葉や文と文との続き方に気をつけながら、内容のまとまりがわかるように書き方をくふうすること。

**エ**　文章を読み返すことをいつもおこなうようにして、まちがいを直したり、言葉と言葉や文と文との続き方を確かめたりすること。

オ　文章に対する感想を伝え合い、自分の文章の内容や表し方のよいところを見つけること。

（2）（1）の「書くこと」を学ぶために、次のような学習活動をしてみましょう。

ア　自分の身のまわりのことや見たり聞いたりしたことを知らせたり、観察したことを書きとめたりするなど、見聞きしたことを書く活動。

イ　日記や手紙を書くなど、思ったことや伝えたいことを書く活動。

ウ　簡単なお話をつくるなど、感じたことや想像したことを書く活動。


## C 読むこと

（1）「読むこと」について次のことを学びましょう。

ア　時間や事がらの順序を考えながら、おおよその内容をつかむこと。

イ　場面のようすや登場人物の行動など、おおよその内容をつかむこと。

ウ　文章の中でたいせつな言葉や文を考えて選び出すこと。

エ　場面のようすに気をつけて読み、登場人物がなにをしているか、くわしく想像すること。

オ　読んだ内容と自分が見たり、聞いたり、したりしたこととを結びつけて、感想をもつこと。

カ　文章を読んで感じたことや、わかったことを伝え合うこと。

（2）（1）の「読むこと」を学ぶために、次のような学習活動を
してみましょう。

ア　ものごとのしくみを説明した文章などを読み、わかったこ
とや考えたことを伝える活動。

イ　読み聞かせを聞いたり物語を読んだりして、内容や感想を
伝え合ったり、やくわりを決めて音読したりする活動。

ウ　学校図書館などで図鑑や科学の本などを読んで、わかった
ことを説明する活動。

学校図書館やまちの図書館にはた
くさんの本や図鑑があります。利
用しようね。

## 〔3年生・4年生〕

### 1.目標

（1）ふだんの生活の中で必要な国語の知識や言葉の使い方を身
につけるとともに、言葉のもつよさや豊かさにふれたり理解し
たりすることができるようになりましょう。

（2）筋道立てて考える力や、いろいろな事がらを豊かに感じた
り想像したりする力を身につけましょう。

　　ふだんの生活の中で人と関わり合いながら、言葉で気持ちや
考えを伝え合う力を高め、自分の思いや考えをまとめることが
できるようになりましょう。

（３）言葉がもつよさに気づくとともに、はば広く読書をし、国語を大切にして、思いや考えを伝え合うことのよさを感じとりながら学びましょう。

## 2. 学ぶ内容

### 〈知ること・できるようになること〉

（１）言葉の特ちょうや使い方について学びましょう。

ア　言葉には、考えたことや思ったことを表す働きがあることに気づくこと。

イ　相手を見て話したり聞いたりすること。
　　声の調子を上げたり下げたり、強くしたり弱くしたりしながら、話すときの言葉と言葉の間の取り方などに注意して話すこと。

ウ　漢字とひらがな、かたかなを用いた表し方、送りがなのつけ方、行の変え方を知り、文や文章の中で使うこと。
　　３年生は、人の名前や地名などふだん使われている簡単な言葉について、ローマ字で表されたものを読み、ローマ字で書くこと。

エ　３年生（４年生）は、それぞれの学年で習う漢字を読むこと。
　　３年生（４年生）は２年生（３年生）までに習った漢字を書き、文や文章の中で使うこと。また、３年生（４年生）で習う漢字を少しずつ書き、文や文章の中で使うこと。

オ　ようすや行動、気持ちや性格を表す言葉を増やし、話や文章の中で使うこと。

25

言葉にはもっている特ちょうや役割によってわけられるまとまりがあることを知り、使える言葉を豊かにすること。

カ 主語（なにが・なには）と述語（どうする・どんなだ）との関係、修飾（くわしく説明すること）と被修飾（くわしく説明されること）との関係、指示する（さししめす）言葉と接続する（つなぐはたらきをする）言葉の役割、段落の役割について理解すること。

キ ていねいな言葉を使うとともに、「です・ます」（ていねいな形）と「だ・である」（ふつうの形）とのちがいに注意しながら書くこと。

ク 文章全体の組み立てや、何が書かれているかをとらえながら声に出して読むこと。

> よくわからない言葉がでてきたら、国語辞典を使って調べるようにしようね。

（２）話や文章にふくまれている情報の扱い方を学びましょう。

ア 考えとその理由や、それを説明している実際の例、話や文章の全体とその中心になることなど情報と情報との関係について理解すること。

イ いくつかの情報を比べるし方や分けるし方、必要な言葉などを書いて残すし方、引用のし方や出どころとなった本の示し方、辞書や事典の使い方を理解し、使うこと。

（３）言葉のもつおもしろさや豊かさを学びましょう。

**ア** 昔の文章の言葉で書かれた短歌（五・七・五・七・七）や俳句（五・七・五）を音読したり、覚えて言ったりするなどして、言葉の響きやリズムに親しむこと。

**イ** 長い間使われてきたことわざや慣用句、故事成語などの意味を知り、ふだんの生活の中で使うこと。

**ウ** 漢字が、「へん」や「つくり」などから組み立てられていることを理解すること。

**エ** 書写について次のことを理解し、使うこと。

（ア）文字の組み立て方を理解し、形を整えて書くこと。

（イ）漢字やかなの大きさ、文字と文字の間、行と行の間、行の中心に文字の中心をそろえて書くことなどに注意して書くこと。

（ウ）毛筆を使って点や線の書き方などについてよく理解し、力の入れ方などに注意して書くこと。

**オ** はば広く読書に親しみ、いろいろな種類の本があることを知り、読書が必要な知識や情報を得ることに役立つことに気づくこと。

〈自分で考えたり、判断したり、表現したりする力〉

**A 話すこと・聞くこと**

（1）「話すこと・聞くこと」について次のことを学びましょう。

**ア** 説明をする、知りたいことを聞く、おたがいの意見を伝え合うなど目的をはっきりとさせて、ふだんの生活の中から話題を決め、話題にそって集めた情報を比べたり分けたりして

整理し、伝え合うために必要な事がらを選ぶこと。

イ　相手に伝わるように、理由や「たとえば……」など実際の例などを示しながら、いちばん伝えたいことがはっきりとするように話の組み立てを考えること。

ウ　話の中心や話す場面を考えて、声の調子を上げたり下げたり、強くしたり弱くしたりしながら、話すときの言葉と言葉の間の取り方などをくふうすること。

エ　必要なことを記録したり質問したりしながら聞き、話している人が伝えたいことや自分が聞きたいことの中心を確かめながら、自分の考えをもつこと。

オ　目的や進め方を確かめて、司会の役割を果たしながら話し合い、おたがいの意見の同じところやちがうところに特に気をつけて、考えをまとめること。

（2）（1）の「話すこと・聞くこと」を学ぶために、次のような学習活動をしてみましょう。

ア　説明や報告など自分で調べたことを話したり、それらを聞いたりする活動。

イ　自分から質問するなどして情報を集めたり、それらを発表したりする活動。

ウ　おたがいの考えを伝え合うなどして、グループや学級全体で話し合う活動。

## B 書くこと

（1）「書くこと」について次のことを学びましょう。

**ア** 伝えようとする相手や目的をはっきりさせて、見たり聞いたりしたことや、想像したことなどから書くことを選び、書くために集めた情報を比べたり分けたりして整理し、伝えたいことをはっきりさせること。

**イ** 書く内容の中心をはっきりとさせ、内容のまとまりで段落をつくったり、考えを書く段落とそう考えた理由を書く段落など、段落と段落との関係に注意したりして、「初め」「中」「終わり」など文章の組み立てを考えること。

**ウ** 自分の考えと、そう考えた理由や「たとえば……」など実際の例との関係をはっきりさせて、書き表し方をくふうすること。

**エ** まちがいを正しく直したり、伝える相手や目的にふさわしい表現になっているかを確かめたりして、文や文章を整えること。

**オ** 書き手が書こうとしたことがはっきりとしているかなど、文章に対する感想や意見を伝え合い、内容や書き方のくふうなど自分の文章のよいところを見つけること。

（2）（1）の「書くこと」を学ぶために、次のような学習活動をしてみましょう。

**ア** 調べたことをまとめて知らせるなど、事実やそれをもとに考えたことを書く活動。

**イ** 行事の案内やお礼の文章を書くなど、伝えたいことを手紙に書く活動。

**ウ** 詩や物語をつくるなど、感じたことや想像したことを書く

活動。

## C 読むこと

（1）「読むこと」について次のことを学びましょう。

　ア　考えを述べた段落とその例を述べた段落など、段落と段落
　　　との関係に特に気をつけながら、考えとそう考えた理由や実
　　　際の例との関係などを書かれていることからとらえること。

　イ　登場人物の行動や気持ちなどについて、物語全体を見通し
　　　て書かれていることからつかむこと。

　ウ　文章の内容をわかりやすく説明するなど目的をはっきりと
　　　させ、一番伝えたいことを表している語や文を見つけて短く
　　　まとめること。

　エ　登場人物の気持ちの変化や性格、えがかれた景色について、
　　　場面の移り変わりと結びつけて、どんなようすかはっきりと
　　　わかるように想像すること。

　オ　文章を読んでわかったことをもとに、感想や考えをもつこ
　　　と。

　カ　文章を読んで感じたことや考えたことを伝え合い、一人
　　　一人の感じ方などにちがいがあることに気づき、友達の感じ
　　　方のよさも感じとること。

（2）（1）の「読むこと」を学ぶために、次のような学習活動を
　　してみましょう。

　ア　記録や報告などの文章を読み、文章の一部を引用して、わ
　　　かったことや考えたことを説明したり、意見を述べたりする

活動。

　イ　詩や物語などを読み、内容を説明したり、考えたことなど
　　を伝え合ったりする活動。

　ウ　学校図書館などを利用し、事典や図鑑などから情報を得て、
　　わかったことやさらに調べたいことなどをまとめて説明する
　　活動。

## 〔5年生・6年生〕

### 1. 目標

（1）ふだんの生活の中で必要な国語の知識や言葉の使い方を身
　　につけるとともに、言葉のもつよさや豊かさにふれたり理解し
　　たりすることができるようになりましょう。

（2）筋道立てて考える力や、いろいろな事がらを豊かに感じた
　　り想像したりする力を身につけましょう。
　　　ふだんの生活の中で人と関わり合いながら、言葉で気持ちや
　　考えを伝え合う力を高め、自分の思いや考えを広げることがで
　　きるようになりましょう。

（3）言葉がもつよさをよくわかるとともに、進んで読書をし、
　　国語の大切さをきちんとわかり、思いや考えを伝え合うことの
　　よさを感じとりながら学びましょう。

## 2. 学ぶ内容

〈知ること・できるようになること〉

（1）言葉の特ちょうや使い方を学びましょう。

**ア** 言葉には、相手とのつながりをつくる働きがあることに気づくこと。

**イ** 話し言葉と書き言葉とのちがいに気づくこと。

**ウ** 文や文章の中で漢字とかなをきちんと使い分け、送りがなやかなづかいに注意して正しく書くこと。

**エ** 5年生（6年生）は、それぞれの学年で習う漢字を読むこと。5年生（6年生）は4年生（5年生）までに習った漢字を書き、文や文章の中で使うこと。また、5年生（6年生）で習う漢字を少しずつ書き、文や文章の中で使うこと。

**オ** 筋道立てて物事を考えたり、情報を比べたり、原因と結果を述べたりするときの語句を増やし、話や文章の中で使うとともに、類義語や対義語など語句と語句との関係、接頭語や接尾語など語句の組み立てや音や語形の変化について理解し、使える言葉を豊かにすること。

　　言葉や文、文章のもつ感じや言葉の使い方について、正しさやふさわしさを判断しながら、語や語句を使うこと。

**カ** 文の中での語句の係り方や語順、前の文と後の文とのつながり、話や文章の組み立てや説明するときの話の進め方、紹介や提案など話や文章の種類とその特ちょうについて理解すること。

**キ** ふだんの生活の中でよく使われる敬語を知って、使うこと

に慣れること。

**ク** 「〜のようだ」のような比ゆや、同じような表現をくり返し用いる反復など、表現のくふうに気づくこと。

**ケ** 文章の組み立てや内容が伝わるよう、声の調子の上げ下げや強弱などをくふうして、声に出して読むこと（音読）。
自分の思いや考えが伝わるように、声で表現すること（朗読）。

（２）話や文章にふくまれている情報の扱い方を学びましょう。

**ア** 原因と結果など、話や文章にふくまれる情報と情報との関係について理解すること。

**イ** 情報と情報とを関連づける方法や、図などを使って語句と語句との関係を表す方法を理解し、使うこと。

（３）言葉のもつおもしろさや豊かさを学びましょう。

**ア** 親しみやすい古文や漢文、明治時代からあとに書かれた文学作品で使われる言葉づかいの文章を音読するなどして、言葉の響きやリズムを味わうこと。

**イ** 昔から読みつがれてきた作品（古典）について説明した文章を読んだり、作品の内容を大まかに知ったりすることを通して、昔の人々のものの見方や感じ方を知ること。

**ウ** 語句のもとの形や意味、その言葉がどのように伝わってきたかに関心をもち、時間が経つことによる言葉の変化や、子どもと大人が使う言葉にちがいがあることに気づくこと。
共通語と方言とのちがいを理解すること。
かなや漢字のもとの形や意味がどのようにつくられ、今のように伝わってきたかや、かなや漢字がもつ特質について理

33

解すること。

方言も共通語もどちらも大切だよ。相手や場面に合わせて使えるといいね。

**エ** 書写について次のことを理解し、使うこと。

（ア）原稿用紙やびんせんなど用紙全体とのバランスに注意して、文字の大きさや書くところを決めること。また、書く速さを意識して書くこと。

（イ）毛筆を使い、筆の先の動きや点や線のつながりを意識して書くこと。

（ウ）目的に応じてえん筆、毛筆、ボールペンなど筆記具を選び、その特ちょうを生かして書くこと。

**オ** ふだんから読書に親しみ、読書が自分の考えを広げることに役立つことに気づくこと。

〈自分で考えたり、判断したり、表現したりする力〉

**A 話すこと・聞くこと**

（1）「話すこと・聞くこと」について次のことを学びましょう。

**ア** 説明する、知りたいことを聞く、おたがいの意見を伝え合うなどの目的や、話したり聞いたりすることで何をしようと考えているのかなどの意図に合わせて、ふだんの生活の中から話題を決めること。

話の内容を考えるために、集めた情報を分けたり関連づけたりして整理し、伝え合う内容についてよく考えること。

**イ** 自分の考えが相手にはっきり伝わるように、事実と感想、意見とを区別するなど、話の組み立てを考えること。

**ウ** 図や表、写真を使うなどして、自分の考えが相手に伝わるように表現をくふうすること。

**エ** 話し手が何を伝えようとしているのかなどの目的や、自分がどのような情報を求めているのかなどの意図に合わせて、話の内容を聞き取り、話し手の考えと自分の考えとを比較しながら、自分の考えをまとめること。

**オ** 話題についておたがいがどのような考えをもっているのかや話し合いを通して何をしたいのか、そのためにどのように話し合うのかなどを明らかにして計画的に話し合い、自分の考えを広げたりまとめたりすること。

（2）（1）の「話すこと・聞くこと」を学ぶために、次のような学習活動をしてみましょう。

**ア** 自分の意見や提案などを話したり、相手の意見を聞いたりする活動。

**イ** インタビューなどをして必要な情報を集めたり、それらを発表したりする活動。

**ウ** 賛成や反対などのそれぞれの立場からの考えを伝え合い、話し合う活動。

## B 書くこと

（1）「書くこと」について次のことを学びましょう。

ア　伝えようとする相手や何のために書くのかなどの目的や、伝えることで自分が何をしようと考えているのかなどの意図に合わせて、感じたことや考えたことなどから書く内容を選ぶこと。

書く内容を考えるために、集めた情報を分けたり関連づけたりして整理し、伝えたいことをはっきりさせること。

イ　筋道の通った文章となるように、「初め」「中」「終わり」など文章全体の組み立てや展開を考えること。

ウ　書く目的や意図を明らかにして簡単に書いたりくわしく書いたりするとともに、事実と感想、意見とを区別して書くことで、自分の考えが相手に伝わるように書き表し方をくふうすること。

エ　引用したり、図表やグラフなどで示すなどして、自分の考えがよりよく伝わるように書き表し方をくふうすること。

オ　文章全体の組み立てや書き表し方などに着目して、文や文章を整えること。

カ　文章全体の組み立てや展開が明確になっているかなど、おたがいの文章に対する感想や意見を伝え合い、自分の文章のよいところを見つけること。

（2）「書くこと」を学ぶために、次のような学習活動をしてみましょう。

ア　実際に起きている出来事を説明したり自分の意見を述べた

りするなど、考えたことや伝えたいことを書く活動。

イ　短歌や俳句の形式で、感じたことや想像したことを表現する活動。

ウ　身近に起こったことや経験したことをもとに、感じたり考えたことや自分にとっての意味などをまとめて書く活動。

## C 読むこと

（1）「読むこと」について次のことを学びましょう。

ア　事実と感想、意見などの関係を書かれていることをもとにつかみ、文章全体の組み立てをとらえて、書かれている内容や考えの中心となる事がらを理解すること。

イ　登場人物のおたがいの関係や心の中の思いなどについて、書き表されたことをもとにとらえること。

ウ　自分の読む目的を明らかにして、文章と図表などを結びつけるなどして必要な情報を見つけたり、書き手がどのような理由や例を使って意見や考えを書き進めているかを考えたりすること。

エ　登場人物の人物像や物語などの全体像を具体的に想像したり、人物像や全体像と関わらせながら表現の効果を考えたりすること。

オ　文章を読んでわかったことをもとに、自分の考えをまとめること。

カ　文章を読んでまとめた意見や感想を共有することを通して、自分の考えを広げること。

（2）（1）の「読むこと」を学ぶために、次のような学習活動を
　　してみましょう。

　ア　説明や解説などの文章を比較するなどして読み、わかった
　　　ことや考えたことを、話し合ったり文章にまとめたりする活
　　　動。

　イ　詩や物語、伝記などを読み、内容を説明したり、自分の生
　　　き方について考えたことを伝え合ったりする活動。

　ウ　学校図書館などを利用して、複数の本や新聞などを活用し
　　　て、調べたり考えたりしたことをまとめて、報告する活動。

小学校で学習する漢字は
全部で 1026 字あります。
書いたり読んだりできる
ようになろうね。

# 小学校で学習する漢字　全1026字

## 1年生で学習する漢字（80字）

一 右 雨 円 王 音 下 火 花 貝 学 気 九 休 玉 金 空 月 犬 見 五
口 校 左 三 山 子 四 糸 字 耳 七 車 手 十 出 女 小 上 森 人 水
正 生 青 夕 石 赤 千 川 先 早 草 足 村 大 男 竹 中 虫 町 天 田
土 二 日 入 年 白 八 百 文 木 本 名 目 立 力 林 六

## 2年生で学習する漢字（160字）

引 羽 雲 園 遠 何 科 夏 家 歌 画 回 会 海 絵 外 角 楽 活 間 丸
岩 顔 汽 記 帰 弓 牛 魚 京 強 教 近 兄 形 計 元 言 原 戸 古 午
後 語 工 公 広 交 光 考 行 高 黄 合 谷 国 黒 今 才 細 作 算 止
市 矢 姉 思 紙 寺 自 時 室 社 弱 首 秋 週 春 書 少 場 色 食 心
新 親 図 数 西 声 星 晴 切 雪 船 線 前 組 走 多 太 体 台 地 池
知 茶 昼 長 鳥 朝 直 通 弟 店 点 電 刀 冬 当 東 答 頭 同 道 読
内 南 肉 馬 売 買 麦 半 番 父 風 分 聞 米 歩 母 方 北 毎 妹 万
明 鳴 毛 門 夜 野 友 用 曜 来 里 理 話

# 3年生で学習する漢字（200字）

悪 安 暗 医 委 意 育 員 院 飲 運 泳 駅 央 横 屋 温 化 荷 界 開
階 寒 感 漢 館 岸 起 期 客 究 急 級 宮 球 去 橋 業 曲 局 銀 区
苦 具 君 係 軽 血 決 研 県 庫 湖 向 幸 港 号 根 祭 皿 仕 死 使
始 指 歯 詩 次 事 持 式 実 写 者 主 守 取 酒 受 州 拾 終 習 集
住 重 宿 所 暑 助 昭 消 商 章 勝 乗 植 申 身 神 真 深 進 世 整
昔 全 相 送 想 息 速 族 他 打 対 待 代 第 題 炭 短 談 着 注 柱
丁 帳 調 追 定 庭 笛 鉄 転 都 度 投 豆 島 湯 登 等 動 童 農 波
配 倍 箱 畑 発 反 坂 板 皮 悲 美 鼻 筆 氷 表 秒 病 品 負 部 服
福 物 平 返 勉 放 味 命 面 問 役 薬 由 油 有 遊 予 羊 洋 葉 陽
様 落 流 旅 両 緑 礼 列 練 路 和

# 4年生で学習する漢字（202字）

愛 案 以 衣 位 茨 印 英 栄 媛 塩 岡 億 加 果 貨 課 芽 賀 改 械
害 街 各 覚 潟 完 官 管 関 観 願 岐 希 季 旗 器 機 議 求 泣 給
挙 漁 共 協 鏡 競 極 熊 訓 軍 郡 群 径 景 芸 欠 結 建 健 験 固
功 好 香 候 康 佐 差 菜 最 埼 材 崎 昨 札 刷 察 参 産 散 残 氏
司 試 児 治 滋 辞 鹿 失 借 種 周 祝 順 初 松 笑 唱 焼 照 城 縄
臣 信 井 成 省 清 静 席 積 折 節 説 浅 戦 選 然 争 倉 巣 束 側
続 卒 孫 帯 隊 達 単 置 仲 沖 兆 低 底 的 典 伝 徒 努 灯 働 特
徳 栃 奈 梨 熱 念 敗 梅 博 阪 飯 飛 必 票 標 不 夫 付 府 阜 富
副 兵 別 辺 変 便 包 法 望 牧 末 満 未 民 無 約 勇 要 養 浴 利
陸 良 料 量 輪 類 令 冷 例 連 老 労 録

## 5年生で学習する漢字（193字）

圧 囲 移 因 永 営 衛 易 益 液 演 応 往 桜 可 仮 価 河 過 快 解
格 確 額 刊 幹 慣 眼 紀 基 寄 規 喜 技 義 逆 久 旧 救 居 許 境
均 禁 句 型 経 潔 件 険 検 限 現 減 故 個 護 効 厚 耕 航 鉱 構
興 講 告 混 査 再 災 妻 採 際 在 財 罪 殺 雑 酸 賛 士 支 史 志
枝 師 資 飼 示 似 識 質 舎 謝 授 修 述 術 準 序 招 証 象 賞 条
状 常 情 織 職 制 性 政 勢 精 製 税 責 績 接 設 絶 祖 素 総 造
像 増 則 測 属 率 損 貸 態 団 断 築 貯 張 停 提 程 適 統 堂 銅
導 得 毒 独 任 燃 能 破 犯 判 版 比 肥 非 費 備 評 貧 布 婦 武
復 複 仏 粉 編 弁 保 墓 報 豊 防 貿 暴 脈 務 夢 迷 綿 輸 余 容
略 留 領 歴

## 6年生で学習する漢字（191字）

胃 異 遺 域 宇 映 延 沿 恩 我 灰 拡 革 閣 割 株 干 巻 看 簡 危
机 揮 貴 疑 吸 供 胸 郷 勤 筋 系 敬 警 劇 激 穴 券 絹 権 憲 源
厳 己 呼 誤 后 孝 皇 紅 降 鋼 刻 穀 骨 困 砂 座 済 裁 策 冊 蚕
至 私 姿 視 詞 誌 磁 射 捨 尺 若 樹 収 宗 就 衆 従 縦 縮 熟 純
処 署 諸 除 承 将 傷 障 蒸 針 仁 垂 推 寸 盛 聖 誠 舌 宣 専 泉
洗 染 銭 善 奏 窓 創 装 層 操 蔵 臓 存 尊 退 宅 担 探 誕 段 暖
値 宙 忠 著 庁 頂 腸 潮 賃 痛 敵 展 討 党 糖 届 難 乳 認 納 脳
派 拝 背 肺 俳 班 晩 否 批 秘 俵 腹 奮 並 陛 閉 片 補 暮 宝 訪
亡 忘 棒 枚 幕 密 盟 模 訳 郵 優 預 幼 欲 翌 乱 卵 覧 裏 律 臨
朗 論

41

## 特別な読み方をする言葉

国語では、次の特別な読み方をする言葉を学びます。ふだんからよく使われている言葉ですね。おぼえておこうね。

| | | | | | |
|---|---|---|---|---|---|
| 明日<br>あす | 大人<br>おとな | 母さん<br>かあ | 河原<br>かわら | 川原<br>かわら | 昨日<br>きのう |
| 今日<br>きょう | 果物<br>くだもの | 今朝<br>けさ | 景色<br>けしき | 今年<br>ことし | 清水<br>しみず |
| 上手<br>じょうず | 七夕<br>たなばた | 一日<br>ついたち | 手伝う<br>てつだ | 父さん<br>とう | 時計<br>とけい |
| 友達<br>ともだち | 兄さん<br>にい | 姉さん<br>ねえ | 博士<br>はかせ | 二十日<br>はつか | 一人<br>ひとり |
| 二人<br>ふたり | 二日<br>ふつか | 下手<br>へた | 部屋<br>へや | 迷子<br>まいご | 真面目<br>まじめ |
| 真っ赤<br>まっか | 真っ青<br>まっさお | 眼鏡<br>めがね | 八百屋<br>やおや | | |

② 社会

## 1. 社会（科）を学ぶ目標

　社会（科）を学ぶときにもちいる見方や考え方をはたらかせ、課題を追究したり解決したりする活動を通して、グローバル化する国際社会に主体的に生きる平和で民主的な国と社会をつくる一員に必要な公民（政治に参加する義務と権利をもつ人）としての学び・解決し・生かす力を身につけましょう。

（１）地域や日本の地理的な環境、現代の社会のしくみやはたらき、地域や日本の歴史や伝統と文化を通して社会生活について理解するとともに、さまざまな資料や調べ学習を通して情報を適切に調べまとめる技能を身につけましょう。

（２）社会（科）であつかう事がらの特色やおたがいの関連、意味を多角的に考えたり、社会に見られる課題をつかみ、その解決に向けて社会への関わり方を選択・判断したりする力、考えたことや選択・判断したことを適切に表現する力を身につけましょう。

（３）社会（科）であつかう事がらについて、よりよい社会を考え自分から問題解決しようとする気持ちをもつとともに、多角的な思考や理解を通して、地域社会に対する誇りと愛情、地域社会の一員としての自覚、日本の国土と歴史に対する愛情、日本の将来を担う国民としての自覚、世界の国々の人々と共に生きていくことの大切さについての自覚などをもちましょう。

## 2. それぞれの学年の目標と学ぶ内容

〔3年生〕

1. 目標

　自分たちの住んでいる地域や市区町村などのようすについて、社会（科）を学ぶときにもちいる見方や考え方をはたらかせ、学習の問題を調べ、解決する活動を通して、学んだり、学んだことを生かしたりする力を身につけましょう。

（1）自分たちの住んでいる地域や市区町村の土地のようすや、地域の安全を守るためのさまざまな活動や地域の仕事と生活のようす、地域のようすの移り変わりについて、人々の生活とのつながりをふまえて知りましょう。

　　見学や話を聞くなどの調査活動や地図帳や、写真、実物資料などを通して、必要な情報を調べ白地図や年表などにまとめるやり方を身につけましょう。

（2）自分たちの住んでいる地域や市区町村などの場所によるちがいや仕事と地域の人々の生活のつながり、くらしを守る仕事とそこで働く人々、市のようすや人々のくらしの移り変わりなどについて考える力を身につけましょう。

　　自分たちの住んでいる地域や生活に見られる問題を見つけ出し、その解決に向けて自分にできることを考えたり、選び出したりする力を身につけましょう。

　　自分の住んでいる地域や市区町村について考えたことや、自分でできることについて考えたことを、資料などを使って説明したり話し合ったりする力を身につけましょう。

（3）自分たちの住んでいる地域や市区町村について、自分から学習の問題を考えようとし、よりよい社会を考え学習したことをもとに、これからの生活に生かしていくようにしましょう。

　　学習活動を通して考えたりわかったりしたことをもとに、自分の住んでいる地域や市区町村への誇りと愛情をもち、地域社会の一員として自分のできることを考えていきましょう。

> 3年生の社会は、自分たちがくらしている市区町村のようす、人々の仕事やくらしについて学習するんだね。

## 2. 学ぶ内容

（1）身近な地域や市区町村（以下は「市」とします）のようすについて、学習の問題を調べ、それを解決する活動を通して、次のことを学びましょう。

　ア　次のような知識や力を身につけましょう。

（ア）身近な地域や自分たちの市のことが大まかにわかること。

（イ）観察したり地図などで調べたりして、白地図などにまとめること。

　イ　次のような「考える力」「判断する力」「表現する力」などを身につけましょう。

（ア）都道府県内における市の位置、地形や土地の使われ方、交通の広がり、市役所など主な公共施設の場所とはたらき、古くから残る建物などを中心に、身近な地域や市のようすを理

解し、場所によるちがいを考えて、自分の考えを表現すること。

（２）地域で行われている、ものをつくる仕事や、ものを売る仕事について、学習の問題を調べ、それを解決する活動を通して、次のことを学びましょう。

ア　次のような知識や力を身につけましょう。

（ア）ものをつくる仕事は、地域の人々の生活と深い関わりをもって行われていることがわかること。

（イ）ものを売る仕事は、ものを買う人のいろいろな願いにこたえながら、売り上げを高めるくふうをしていることがわかること。

（ウ）見学したり、地図などで調べたりして、白地図にまとめること。

イ　次のような「考える力」「判断する力」「表現する力」などを身につけましょう。

（ア）仕事の種類や、産地の広がり、仕事の手順などに注目して、ものをつくる仕事をする人々のようすを理解し、地域の人々の生活とのつながりを考えて、自分の考えを表現する。

（イ）ものを買う人の願い、売り方、ほかの地域や外国との関わりなどに注目して、ものを売る仕事をする人々のようすを理解し、それらの仕事に見ることができるくふうを考えて、自分の考えを表現すること。

（３）地域の安全を守る仕事について、学習の問題を調べ、解決する活動を通して、次のことを学びましょう。

ア　次のような知識や力を身につけましょう。

（ア）消防署や警察署などは、地域の安全を守るため、きん急時に、おたがいが協力して行動する準備をしていることや、また、地域の人々と協力して火事や事故などを防ぐために努力をしていることがわかること。

（イ）見学や調査をしたり地図などを調べたりして、まとめること。

**イ** 次のような「考える力」「判断する力」「表現する力」などを身につけましょう。

（ア）施設や設備などの配置、きん急時のためのそなえや対応などに注目して、施設や地域の人々の活動を理解し、おたがいのつながりや人々のはたらきを考えて、自分の考えを表現すること。

（4）市のようすの移り変わりについて、学習の問題を調べ、追究し解決する活動を通して、次のことを学びましょう。

**ア** 次のような知識や力を身につけましょう。

（ア）市や人々のようすは、時間が経つにつれて変わってきたことがわかること。

（イ）聞き取りをしたり地図などで調べたりして、年表などにまとめること。

**イ** 次のような「考える力」「判断する力」「表現する力」などを身につけましょう。

（ア）交通や、公共施設や土地の使われ方、人口、生活の道具などの時期によるちがいに注目して、市や人々の生活のようすを理解し、それらの移り変わりを考えて、自分の考えを表現すること。

## 〔4年生〕

### 1. 目標

　自分たちの住んでいる都道府県のようすについて、社会（科）を学ぶときにもちいる見方や考え方をはたらかせ、学習の問題を調べ、解決する活動を通して、学んだり、学んだことを生かしたりする力を身につけましょう。

（1）自分たちの住んでいる都道府県の土地のようすや、地域の人々の健康と生活環境をささえる働きや自然災害から地域の安全を守るためのさまざまな活動、地域の伝統と文化や地域の発展につくした昔の人たちの働きなどについて、地域の人々の生活とつながりをふまえて知りましょう。

　　　見学や話を聞くなどの調査活動や、地図帳や写真、実物などを通して、必要な情報を調べ、白地図や年表などにまとめるやり方を身につけましょう。

（2）自分たちの住んでいる都道府県の土地のようすや、地域の人々の健康と生活環境をささえるしごとの役割、自然災害から地域の安全を守るための活動のはたらき、地域の伝統と文化や地域の発展につくした昔の人たちの願いやはたらきなどについて考える力を身につけましょう。

　　　自分たちの住んでいる都道府県や生活に見られる問題を見つけ出し、その解決に向けて自分にできることを考えたり選び出したりする力を身につけましょう。

　　　自分たちの住んでいる都道府県について考えたことや自分で

できることについて考えたことを、資料などを使って説明したり話し合ったりする力を身につけましょう。

（3）自分たちの住んでいる都道府県について、自分から学習の問題を考えようとし、よりよい社会を考え学習したことをもとに、これからの生活に生かしていくようにしましょう。

　学習活動を通して考えたりわかったりしたことをもとに、自分の住んでいる地域社会への誇りと愛情をもち、地域社会の一員として自分のできることを考えていきましょう。

4年生の社会は、自分たちがくらしている都道府県のようす、人々の健康や生活をささえる仕事、伝統や文化、産業の発展などを学習するよ。

## 2．学ぶ内容

（1）都道府県（以下、「県」とする。）のようすについて、学習の問題を調べ、解決する活動を通して、次のことを学びましょう。

　ア　次のような知識や力を身につけましょう。

（ア）自分たちの県の地理的環境が大まかにわかり、また、47都道府県の名前と位置がわかること。

地図帳を見ると47都道府県がでているよ。その名前と位置をおぼえよう。

（イ）地図帳やいろいろな資料を使って調べて、白地図などにまとめること。

イ　次のような「考える力」「判断する力」「表現する力」などを身につけましょう。

（ア）日本における自分たちの県の位置、県全体の地形や主な産業の広がり、交通網や主な都市の位置などに注目して、県のようすを理解し、地理的環境の特色を考えて、自分の考えを表現すること。

（2）人々の健康や生活環境をささえる仕事について、学習の問題を調べ、解決する活動を通して、次のことを学びましょう。

ア　次のような知識や力を身につけましょう。

（ア）飲料水や電気、ガスを送る仕事は、安全で安定的に送れるように進められていることや、地域の人々の健康な生活を守り、さらに向上させるために役立っていることがわかること。

（イ）ごみなどを処理する仕事は、衛生的な処理や、資源の有効利用ができるように進められていることや、生活環境を守り、さらに向上させるためにも役立っていることがわかること。

（ウ）見学や調査をしたり、地図などの資料で調べたりして、まとめること。

イ　次のような「考える力」「判断する力」「表現する力」などを身につけましょう。

（ア）飲料水や電気、ガスを送るしくみや経路、県の内外での人々の協力などに注目して、飲料水や電気、ガスを送るための仕事のようすを理解し、それらの仕事が果たす役割を考え

て、自分の考えを表現すること。

（イ）ごみなどの処理のしくみや再利用、県の内外の人々の協力などに注目して、ごみなどの処理のための仕事のようすがわかり、その仕事が果たす役割を考えて、自分の考えを表現すること。

（3）自然災害から人々を守る活動について、学習の問題を調べ、解決する活動を通して、次のことを学びましょう。

ア　次のような知識や力を身につけましょう。

（ア）地域の関係機関や人々は、自然災害に対し、さまざまな協力をしてやってきたことや、今後想定される災害に対し、さまざまなそなえをしていることがわかること。

（イ）聞き取り調査をしたり、地図や年表などの資料で調べたりして、まとめること。

イ　次のような「考える力」「判断する力」「表現する力」などを身につけましょう。

（ア）これまでに発生した地域の自然災害や、関係機関の協力などに注目して、災害から人々を守る活動を理解し、その働きを考えて、自分の考えを表現すること。

（4）県内の伝統や文化、先人の働きについて、学習の問題を調べ、解決する活動をしながら、次のことを学びましょう。

ア　次のような知識や力を身につけましょう。

（ア）県内の文化財や年中行事は、地域の人々が受けついできたことや、それらには地域の発展など人々のさまざまな願いがこめられていることがわかること。

(イ) 地域の発展につくした先人は、さまざまな苦心や努力により当時の生活の向上にこうけんしたことがわかること。

(ウ) 見学や調査をしたり、地図などの資料で調べたりして、年表などにまとめること。

イ 次のような「考える力」「判断する力」「表現する力」などを身につけましょう。

(ア) 歴史的背景や現在までの経過、保存や受けつぐための取り組みなどに注目して、県内の文化財や年中行事のようすを理解し、人々の願いや努力を考えて、自分の考えを表現すること。

(イ) 当時の世の中の課題や人々の願いなどに注目して、地域の発展につくした先人の具体例がわかり、先人の働きを考えて、自分の考えを表現すること。

(5) 県内の特色ある地域のようすについて、学習の問題を調べ、解決する活動をしながら、次のことを学びましょう。

ア 次のような知識や力を身につけましょう。

(ア) 県内の特色ある地域では、人々が協力し、特色あるまちづくりや観光などの産業の発展に努力していることがわかること。

(イ) 地図帳やさまざまな資料で調べて、白地図などにまとめること。

イ 次のような「考える力」「判断する力」「表現する力」などを身につけましょう。

(ア) 特色ある地域の位置や自然環境、人々の活動や産業の歴史的背景、人々の協力関係に注目して、地域のようすを理解し、それらの特色を考えて、自分の考えを表現すること。

**2**

〔5年生〕

## 1. 目標

　日本の国土や産業のようすや特色などについて、社会（科）を学ぶときにもちいる見方や考え方をはたらかせ、学習の問題を調べ、解決する活動を通して、学んだり、学んだことを生かしたりする力を身につけましょう。

（1）日本の国土の位置や地形と自然環境の特ちょう、農業、水産業、工業、放送や新聞などの情報産業の現状、社会の情報化と産業の関わりについて、わたしたちの生活との関連をふまえて知りましょう。

　地図帳や地球儀、統計などのさまざまな資料を調べ、集めた情報を整理して、白地図や年表、図表などにまとめるやり方を身につけましょう。

（2）日本の国土の自然環境などの特色やそれらと国民生活とのつながり、農業、水産業、工業、情報産業などが国民生活にはたす役割や産業に関わる人々のはたらきなどについて、さまざまな視点から考える力を身につけましょう。

　これからのさまざまな産業の発展や環境保全などに見られる問題を見つけ出し、その解決にむけて自分にできることを考えたり選び出したりする力を身につけましょう。

　自然環境やさまざまな産業などの特色やおたがいの関係、意味について考えたことや、問題の解決に向けて自分でできることについて考えたことを、理由などをあきらかにしながら説明したり、それらをもとにして話し合ったりする力を身につけま

54

しょう。

（３）日本の国土や産業のようすや特色などについて、自分から学習の問題を考えようとし、よりよい社会について考え学習したことをもとに、これからの生活に生かしていくようにしましょう。

　学習活動を通してさまざまな視点から考えわかったことをもとに、日本の国土を大切にしようとする気持ちをもち、さまざまな産業や仕事に関わっていく国民として自分のできることを考えていきましょう。

5年生の社会では、日本の国土や自然環境、農業・水産業・工業などの日本の産業について学習するよ。

## 2．学ぶ内容

（１）日本の国土のようすと私たちの生活について、学習の問題を追究・解決する活動を通して、次のことを身につけるように学びましょう。

**ア**　次のような知識や技能を身につけましょう。

（ア）世界の中での日本の国土の位置や、国土の構成、領土の範囲などが大まかにわかること。

（イ）日本の国土の地形や気候を大まかに理解するとともに、人々は自然環境に適応して生活していることがわかること。

（ウ）地図帳や地球儀、各種の資料で調べて、まとめること。

イ　次のような思考力・判断力・表現力を身につけましょう。

（ア）世界の大陸と主な海洋、主な国の位置、海洋に囲まれ多数の島からなる国土の構成などに着目して、日本の国土のようすを知り、その特色を考えて、自分の考えを表現すること。

（イ）地形や気候などに着目して、国土の自然などのようすや自然条件に特色がある地域の人々の生活を知り、国土の自然環境の特色や、それらと私たちの生活との関連を考えて、自分の考えを表現すること。

（2）日本の農業や水産業における食料生産について、学習の問題を追究・解決する活動を通して、次のことを身につけるように学びましょう。

ア　次のような知識や技能を身につけましょう。

（ア）日本の食料生産は、自然条件を生かして行われていることや、国民の食料を確保する重要な役割を果たしていることがわかること。

（イ）食料生産に関わる人々は、生産性や品質を高める努力をしたり、輸送方法やはん売方法をくふうしたりして、質のよい食料を消費地に届けるなど、食料生産を支えていることがわかること。

（ウ）地図帳や地球儀、各種の資料で調べて、まとめること。

イ　次のような思考力・判断力・表現力を身につけましょう。

（ア）生産物の種類や分布、生産量の変化、輸入など外国との関わりなどに着目して、食料生産のようすを大まかに知り、食料生産が私たちの生活に果たす役割を考えて、自分の考えを

表現すること。

(イ) 生産の工程や人々の協力関係、技術の向上、輸送、価格や費用などに着目して、食料生産に関わる人々のくふうや努力を知り、その働きを考えて、自分の考えを表現すること。

(3) 日本の工業生産について、学習の問題を追究・解決する活動を通して、次のことを身につけるように学びましょう。

ア　次のような知識や技能を身につけましょう。

(ア) 日本ではさまざまな工業生産が行われていることや、工業のさかんな地域が広がっていること、工業製品は私たちの生活の向上に重要な役割を果たしていることがわかること。

(イ) 工業生産に関わる人々は、消費者が求めていることや社会の変化に合わせて、すぐれた製品を生産するためにさまざまなくふうや努力をして、生産を支えていることがわかること。

(ウ) 貿易や運輸は、原材料を確保したり、製品をはん売したりすることにおいて、工業生産を支える重要な役割を果たしていることがわかること。

(エ) 地図帳や地球儀、各種の資料で調べて、まとめること。

イ　次のような思考力・判断力・表現力を身につけましょう。

(ア) 工業の種類、工業がさかんな地域の分布、工業製品の改良などに着目して、工業生産を知り、工業生産が私たちの生活に果たす役割を考えて、自分の考えを表現すること。

(イ) 製品の工程や工場どうしの協力関係、すぐれた技術などに着目して、工業生産に関わる人々のくふうや努力を知り、その働きを考えて、自分の考えを表現すること。

（ウ）交通網の広がりや外国との関わりなどに着目して、貿易や運輸のようすを知り、それらの役割を考えて、自分の考えを表現すること。

（4）日本の産業と情報の関わりについて、学習の問題を追究・解決する活動を通して、次のことを身につけるように学びましょう。

ア　次のような知識や技能を身につけましょう。

（ア）放送や新聞などの産業は、私たちの生活に大きな影響を与えていることがわかること。

情報を送る方法のことをメディアといいます。テレビ、ラジオ、新聞、雑誌、インターネットなどです。

（イ）大量の情報や情報通信技術の活用は、さまざまな産業を発展させ、私たちの生活を向上させていることがわかること。

（ウ）聞き取り調査をしたり、映像や新聞などの各種資料を調べたりして、まとめること。

イ　次のような思考力・判断力・表現力を身につけましょう。

（ア）情報を集めて発信するまでのくふうや努力などに着目して、放送や新聞などの産業のようすを知り、それらの産業が私たちの生活に果たす役割を考えて、自分の考えを表現すること。

（イ）情報の種類や活用のし方などに着目して、産業における情報活用の現状を知り、情報を生かして発展する産業が私たち

の生活に果たす役割を考えて、自分の考えを表現すること。

（5）日本の国土の自然環境と私たちの生活との関連について、学習の問題を追究・解決する活動を通して、次のことを身につけるように学びましょう。

ア　次のような知識や技能を身につけましょう。

（ア）自然災害は、国土の自然条件などと関連して発生していることや、自然災害から国土を保全し、私たちの生活を守るために、国や県などがさまざまな対策や事業を進めていることがわかること。

（イ）森林は、それを育てたり保護したりする人々のさまざまなくふうと努力で、国土を保全するなど重要な役割を果たしていることがわかること。

（ウ）関係機関や地域の人々のさまざまな努力によって、公害を防いだり生活環境を改善したりしてきたことがわかり、公害から国土の環境や国民の健康的な生活を守ることの大切さがわかること。

（エ）地図帳や、各種資料を調べて、まとめること。

イ　次のような思考力・判断力・表現力を身につけましょう。

（ア）災害の種類や発生の位置や時期、防災対策などに着目して、国土の自然災害の状況を知り、自然条件との関連を考えて、自分の考えを表現すること。

（イ）森林資源の分布や働きなどに着目して、国土の環境を知り、森林資源が果たす役割について考えて、自分の考えを表現すること。

（ウ）公害の発生時期や経過、人々の協力や努力などに着目して、公害防止のための取り組みを知り、その働きを考えて、自分の考えを表現すること。

## 〔6年生〕

### 1. 目標

自分たちのくらしと政治のはたらき、日本の歴史、日本とつながりの深い国々や、世界における日本の役割などについて、社会（科）を学ぶときにもちいる見方や考え方をはたらかせ、学習の問題を調べ、解決する活動を通して、学んだり、学んだことを生かしたりする力を身につけましょう。

（1）日本国憲法に基づいておこなわれる政治のしくみやはたらき、日本の歴史のおもな出来事や歴史上の人物の業績、すぐれた文化遺産、日本とつながりが深い国々の生活や国際社会における日本の役割について知りましょう。

地図帳や地球儀、統計、年表などのさまざまな資料を調べ、集めた情報を整理して白地図や年表、図表などにまとめるやり方を身につけましょう。

（2）政治が生活に果たす役割や意味、日本の歴史の移り変わり、日本と国際社会との関係などについて、さまざまな視点から考える力を身につけましょう。

政治のはたらきや国際社会との関わりなどに見られる問題を見つけ出し、その解決に向けて自分にできることを考えたり選

び出したりする力を身につけましょう。

　政治のはたらきや日本の歴史、日本と世界の国々との関わりなどに関して、それらの特色やおたがいの関係、意味について考えたことや、問題の解決に向けて自分でできることについて考えたことを、理由などをあきらかにしながら説明したり、話し合ったりする力を身につけましょう。

（3）自分たちのくらしと政治のはたらき、日本の歴史、日本とつながりの深い国々や、世界における日本の役割などについて、自分から学習の問題を考えようとし、よりよい社会について考え学習したことをもとに、これからの生活に生かしていくようにしましょう。

　学習活動を通してさまざまな視点から考えてわかったことをもとに、日本の歴史や伝統を大切にしようとする気持ちをもち、平和で民主的な社会の一員として、世界の国々の人々とともに平和な国際社会の実現をめざしていくために自分のできることを考えていきましょう。

> 6年生の社会では、日本国憲法や政治のしくみ、日本の歴史、世界の国々について学習するんだね。

## 2. 学ぶ内容

（1）日本の政治の働きについて、学習の問題を追究・解決する活動を通して、次のことを身につけるように学びましょう。

**ア** 次のような知識や技能を身につけましょう。

（ア）日本国憲法には、国の理想や天皇の役割、国民としての権利や義務など、国や私たちの生活の基本が定められていることがわかること。また、日本の民主政治はこの日本国憲法に基づいていることがわかること。そして、立法（法をつくる）、行政（国の仕事をする）、司法（裁判をする）の三権がそれぞれの役割を果たしていることがわかること。

（イ）国や地方公共団体の政治は、国民主権の考え方に基づき、私たちの生活の安定と向上を目指す大切なはたらきをしていることがわかること。

（ウ）見学や調査をしたり、各種資料を調べて、まとめること。

**イ** 次のような思考力・判断力・表現力を身につけましょう。

（ア）日本国憲法の基本的な考え方に着目し、日本の民主政治をとらえ、日本国憲法が私たちの生活に果たす役割や、国会や内閣、裁判所と国民の関わりを考えて、自分の考えを表現すること。

（イ）政策の内容や、計画から実施されるまでの過程、法令や予算との関わりに着目して、国や地方公共団体の政治の取り組みをとらえ、政治が私たちの生活にどんな影響を与えているかを考えて、自分の考えを表現すること。

（2）日本の歴史上の主な出来事について、学習の問題を追究・解決する活動を通して、次のことを身につけるように学びましょう。

**ア** 次のような知識や技能を身につけましょう。その際、日本

の歴史上の主な出来事を手がかりにして、大まかな歴史の流れを理解しながら、関連する先人の業績やすぐれた文化遺産を知りましょう。

(ア) 狩猟や採集、農耕の生活、古墳、大和朝廷（大和政権）による統一のようすを手がかりにして、「むら」から「くに」へと変わっていったことがわかること。その際、神話や伝承を手がかりに、国の成り立ちに関する考え方などに関心をもつこと。

(イ) 大陸文化の影響、大化の改新、大仏づくりのようすを手がかりに、天皇を中心とした政治が確立されたことがわかること。

(ウ) 貴族の生活や文化を手がかりに、日本風の文化が生まれたことがわかること。

(エ) 源平の戦いや鎌倉幕府の始まり、元との戦いなどを手がかりに、武士による政治が始まったことがわかること。

(オ) 京都を中心とした室町時代につくられた建物や絵画を手がかりに、現在の生活文化につながる室町文化が生まれたことがわかること。

(カ) キリスト教の伝来や織田・豊臣の天下統一を手がかりに、戦国時代が終わり、国が統一されたことがわかること。

(キ) 江戸幕府の始まりや参勤交代、鎖国などの幕府の政策、身分制を手がかりに、武士による政治が安定したことがわかること。

(ク) 歌舞伎や浮世絵、国学や蘭学などを手がかりに、町人の文

化が栄え、新しい学問が生まれたことがわかること。

(ケ) 黒船の来航や廃藩置県、四民平等などの改革、文明開化などを手がかりに、日本が明治維新を機に欧米の文化を取り入れ、近代化を進めたことがわかること。

(コ) 大日本帝国憲法の発布、日清・日露戦争、条約改正、科学の発展などを手がかりに、日本の国力が強まり、国際的な地位が向上したことがわかること。

(サ) 日中戦争や日本が関わる第二次世界大戦、日本国憲法の制定、オリンピック・パラリンピックの開催などを手がかりに、戦後の日本が民主的な国家として出発し、私たちの生活が向上して、国際社会の中で重要な役割を果たしてきたことがわかること。

(シ) 遺跡や文化財、地図や年表などの資料を調べ、まとめること。

イ 次のような思考力・判断力・表現力を身につけましょう。

(ア) 世の中のようすや人物の働き、代表的な文化遺産などに着目して、日本の歴史上の主な出来事をとらえ、日本の歴史の展開を考えるとともに、歴史を学ぶ意味を考えて、自分の考えを表現すること。

(3) グローバル化する世界と日本の役割について、学習の問題を追究・解決する活動を通して、次のことを身につけるように学びましょう。

ア 次のような知識や技能を身につけましょう。

(ア) 日本と経済や文化などの面でつながりが深い国の人々の生活が、多様であることを理解し、スポーツや文化などを通し

て他国と交流し、異なる文化や習慣を尊重し合うことの大切
さがわかること。
(イ) 平和な世界の実現のために、国際連合の一員として重要な
役割を果たしていることや、他国の発展のための援助や協力
をしていることがわかること。
(ウ) 地図帳や地球儀、各種資料を調べて、まとめること。

イ　次のような思考力・判断力・表現力を身につけましょう。
(ア) 外国の人々の生活のようすなどに着目して、日本の文化や
習慣とのちがいをとらえ、国際交流の果たす役割を考えて、
自分の考えを表現すること。
(イ) 地球規模で発生している課題を解決するための連携や協力
に着目して、国際連合の働きや日本の国際協力のようすをと
らえ、国際社会で日本が果たしている役割を考えて、自分の
考えを表現すること。

◇6年生の歴史学習で学ぶ42人の人物

　　学ぶ内容の（2）の**ア**の（ア）から（コ）までについては、
次の人物の働きを通して学習しましょう。

卑弥呼、聖徳太子、小野妹子、中大兄皇子、中臣鎌足、

聖武天皇、行基、鑑真、藤原道長、紫式部、清少納言、

平清盛、源頼朝、源義経、北条時宗、足利義満、足利義政、

雪舟、ザビエル、織田信長、豊臣秀吉、徳川家康、徳川家光、

近松門左衛門、歌川広重、本居宣長、杉田玄白、伊能忠敬、

ペリー、勝海舟、西郷隆盛、大久保利通、木戸孝允、

明治天皇、福沢諭吉、大隈重信、板垣退助、伊藤博文、

陸奥宗光、東郷平八郎、小村寿太郎、野口英世

社会科で学んだ47都道府県の中
には、特別な読み方をするものが
あります。おぼえておこうね。

愛媛　茨城　岐阜　鹿児島　滋賀

宮城　神奈川　鳥取　大阪　富山

大分　奈良

③

<ruby>算<rt>さん</rt></ruby><ruby>数<rt>すう</rt></ruby>

## 1．算数を学ぶ目標

算数を学ぶときにもちいる見方や考え方をはたらかせ、数学的活動を通して、数学的にものごとを考える力を身につけましょう。

（1）ものの数や量、図形などの大体の意味や内容、性質を知り、それらを使って生活の中の出来事を見通しをもって筋道を立てて解決できる技能を身につけましょう。

（2）ふだんの生活の中の出来事をものの数や量などでとらえ、見通しをもって筋道を立てて考える力、ものの数や量などの性質に気づき、いくつかの事がらの共通点を見つけて一つにまとめたり、発展的に考えたりする力、図や式、表、グラフなどを使ってわかりやすく表したり、目的に応じて表し方を選んだりすることができる力を身につけましょう。

（3）数学的活動の楽しさや数学のよさに気づき、学んだことをふりかえって問題を解決しようとしたり、自分から進んでふだんの生活や学習に役立てようとしたりしましょう。

※「数」は「かず」「すう」どちらの読み方もあります。

## 2．それぞれの学年の目標と学ぶ内容

### 〔1年生〕

#### 1.目標

（1）数の書き方、ものの量や形と数の表し方について知り、数や形についての見方を豊かにしましょう。

たし算やひき算のし方、形のつくり方、ものの大きさ（長さ）

や広さなどの比べ方、絵や図でかくやり方を身につけましょう。

（２）ブロックや数え棒、図などを使い、数の数え方や、たし算
　　やひき算のし方を考えましょう。

　　　箱や色板などを動かしながら、形のほかとはちがうところや、
　　形づくりについて考えましょう。

　　　えん筆やノートなどの大きさ（長さ）や広さなどを比べるし
　　方を考えたり、わかりやすく数を整理するし方を考えたりしま
　　しょう。

（３）数や形を使い、算数のよさや楽しさを感じとりながら学び
　　ましょう。

## 2. 学ぶ内容

### A 数と計算（いくつといくつ）

（１）数について、いくつといくつでできているのかや、その書
　　き方について、数学的活動を通して、次のことを学びましょう。

　ア　次のようなことが、わかったり、できるようになったりし
　　ましょう。

（ア）ものとものとをならべて、ものの数を比べることができる
　　こと。

（イ）ものの数や、順番を正しく数えたり書いたりできること。

（ウ）数の大きい・小さいや、順番を考えて、数をならべたり、
　　数の線に書いたりすることができること。

（エ）一つの数について、ほかの数と数を合わせてできることや、
　　ほかの数と数に分けることができることがわかること。

（オ）2けたの数（10〜99）の書き方がわかること。

〔おぼえておきたい用語〕

一の位　十の位

（カ）やさしい3けたの数の書き方がわかること。

（キ）数を、十がいくつとしてみることができること。

（ク）ものをいくつかずつまとめて数えたり、同じ数ずつ分けたりすることができること。

**イ**　次のような「考える力」「答えをだす力」「表現する力」などを身につけましょう。

（ア）数のまとまりを考えながら、数の大きさを比べたり、数えたりして、それらをふだんの生活で使うこと。

（2）たし算とひき算について、数学的活動を通して、次のことを学びましょう。

**ア**　次のようなことが、わかったり、できるようになったりしましょう。

（ア）たし算とひき算の意味がわかり、それらが使われるときがわかること。

（イ）たし算とひき算をするとき、それらを式で書いたり、式を読んだりすることができること。

〔おぼえておきたい記号〕

＋　－　＝

（ウ）１けたの数どうしのたし算やひき算が正しくできること。

（エ）２けたの数などについても、たし算とひき算ができること
を知ること。

イ　次のような「考える力」「答えをだす力」「表現する力」な
どを身につけましょう。

（ア）数の大きい・小さいや多い・少ないを見て、計算の意味や
やり方を考えたり、ふだんの生活で使ったりすること。

ものの数え方には、一つ、二つとか、
１こ、２ことか、いろいろあるね

## B 図形（ものの形）

（1）身の回りにあるものの形について、数学的活動を通して、
次のことを学びましょう。

ア　次のようなことが、わかったり、できるようになったりし
ましょう。

（ア）ものの形を見て、形のちがいがわかること。

（イ）箱などの身の回りのものを使って、形をつくったり、ばら
ばらにしたりすること。

（ウ）前と後ろ、左と右、上と下など、方向や位置についての言
葉を使って、ものの位置を書いたり話したりすること。

イ　次のような「考える力」「答えをだす力」「表現する力」な
どを身につけましょう。

（ア）ものの形を見て、身の回りにあるもののちがいがわかったり、あき箱やあきかんを使って、いろいろな形を考えたりすること。

## C 測定（はかること）

（1）身の回りのものの大きさについて、数学的活動を通して、次のことを学びましょう。

**ア** 次のようなことが、わかったり、できるようになったりしましょう。

（ア）長さ、広さ、入っているものの量を、ならべたり、重ねたりして比べたり、別のものを使って比べたりすること。

（イ）身の回りにあるものの大きさをもとに、そのいくつ分かで大きさを比べること。

**イ** 次のような「考える力」「答えをだす力」「表現する力」などを身につけましょう。

（ア）身の回りにあるもののちがいに気をつけながら、量の大きさの比べ方を見つけること。

（2）時刻についての数学的活動を通して、次のことを学びましょう。

**ア** 次のようなことが、わかったり、できるようになったりしましょう。

（ア）ふだんの生活の中で時刻が言えること。

**イ** 次のような「考える力」「答えをだす力」「表現する力」などを身につけましょう。

(ア) 時刻の言い方を使って、時刻とふだんの生活をつなげること。

## D データの活用（データを使うこと）

（1）ものの種類ごとのこ数を整理することについて、数学的活動を通して、次のことを学びましょう。

ア 次のようなことが、わかったり、できるようになったりしましょう。

（ア）ものがいくつあるかについて、簡単な絵や図などをかいて整理して、それらからものがいくつあるかがわかったりできるようになったりすること。

イ 次のような「考える力」「答えをだす力」「表現する力」などを身につけましょう。

（ア）データの数をよく見て、身の回りの事がらのちがいに気づくこと。

### 〈数学的活動〉

（1）学ぶ内容の「A 数と計算（いくつといくつ）」、「B 図形（ものの形）」、「C 測定（はかること）」、「D データの活用（データを使うこと）」の学習については、下のア〜エのような数学的活動をしていく。

ア 身の回りの事がらを観察したり、ものを使ったりして、数や量、形を見つける活動

イ ふだんの生活の問題を、身の回りのものを使って解決したり、どうなったかを確かめたりする活動

　ウ　算数の問題を身の回りのものなどを使って解決したり、どうなったかを確かめたりする活動

　エ　問題を解決すると中や終わりを、身の回りのものや図などを使って、書いたり話したりする活動


# 〔2年生〕

## 1.目標

（1）数のしくみと表し方、三角形や四角形、長さやかさ、表とグラフについて知り、数や形についての見方を豊かにしましょう。

　　たし算やひき算の計算のし方、かけ算のし方、三角形や四角形のつくり方、長さやかさのはかり方、簡単な表やグラフの表し方を身につけましょう。

（2）数とその表し方や長さやかさの関係に注目して、必要によってものや図などを使って数の表し方や計算のし方を考える力を身につけましょう。

　　三角形や四角形の特ちょうを、かどの数や辺の数や長さに注目してとらえたり、身の回りのことがらを形の特ちょうから考えたりする力を身につけましょう。

　　身の回りにあるものの特ちょうを、長さやかさを使ってとらえ、単位に気をつけて表す力を身につけましょう。

　　身の回りにあるものを、数や量の特ちょうに注目してとらえ、表やグラフで表したり考えたりする力を身につけましょう。

（3）数や量、図形に興味をもち、学習したことをふりかえり、算数で学んだことを使うことのよさに気づき、自分から進んでふだんの生活や学習に生かしましょう。

## 2．学ぶ内容

### A 数と計算

（1）数のしくみと表し方についての数学的活動を通して、次のことを学びましょう。

**ア** 次のことが、わかったり、できるようになったりしましょう。

（ア）同じ大きさの数ずつまとめて数えたり、なかま分けして数えたりすること。

（イ）4けたの数について、一・十・百・千の数の表し方としくみがわかったり、数の大小、順序がわかったりすること。

〔おぼえておきたい記号〕
　＞　＜

（ウ）数を十や百を「単位」として、いくつ集まった数とみたりすることができること。

（エ）一つの数を、ほかの数のかけ算の答えとしてみるなど、ほかの数とのつながりでみることができること。

（オ）簡単な事がらについて、なかま分けをしたり、整理したりして、それを数を使って表すことができること。

（カ）$\frac{1}{2}$、$\frac{1}{3}$など、簡単な分数がわかること。

**3**

イ　次のような「考える力」「答えをだす力」「表現する力」などを身につけましょう。

（ア）数のまとまりに気をつけて、大きな数の大きさの比べ方や数え方を考え、毎日の生活で使うことができること。

（2）たし算やひき算についての数学的活動を通して、次のことを学びましょう。

ア　次のことが、わかったり、できるようになったりしましょう。

（ア）2けたの数のたし算と、その逆のひき算の計算が、1けたの数などについての計算をもとにしてできることがわかり、それらの計算がまちがいなくできること。また、それらのひっ算のし方がわかること。

> ひっ算をするとき、次の事に気をつけようね。
> ・位をそろえて書く
> ・一の位から順に、位ごとに計算する
> ・くり上がり、くり下がりに気をつける

（イ）簡単な場合について、3けたの数などのたし算とひき算の計算のし方がわかること。

（ウ）たし算とひき算についての、成り立つきまりがわかること。

（エ）たし算とひき算とのおたがいのつながりがわかること。

イ　次のような「考える力」「答えをだす力」「表現する力」などを身につけましょう。

（ア）数や量のつながりをよく考えて、計算のし方を考えたり、

76

計算が成り立つきまりを見つけたりするとともに、そのきまりを使って、計算をくふうしたり、計算の確かめができたりすること。

（3）かけ算についての数学的活動を通して、次のことを学びましょう。

　ア　次のことが、わかったり、できるようになったりしましょう。

（ア）かけ算がどういうものかがわかり、それが使われる場合についてわかること。

（イ）かけ算が使われる場面を式に書いたり、かけ算の式から問題をつくったりすることができること。

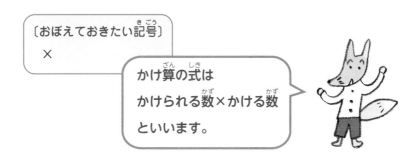

〔おぼえておきたい記号〕
×

かけ算の式は
かけられる数×かける数
といいます。

（ウ）かけ算について成り立つ簡単なきまりがわかること。

（エ）かけ算九九について知り、1けたの数どうしのかけ算の計算が正しくできること。

（オ）簡単な場合について、2けたの数と1けたの数とのかけ算の計算のし方がわかること。

　イ　次のような「考える力」「答えをだす力」「表現する力」などを身につけましょう。

（ア）数や量のつながりに気をつけて、どういう計算をすればよいかや計算のし方を考えたり、計算について成り立つきまりを見つけたりするとともに、そのきまりを使って、計算をくふうしたり計算を確かめたりすること。

（イ）数や量のつながりに気をつけて、計算をふだんの生活で使うこと。

## B 図形

（1）図形についての数学的活動を通して、次のことを学びましょう。

**ア** 次のことが、わかったり、できるようになったりしましょう。

（ア）三角形、四角形についてわかること。

（イ）正方形、長方形、直角三角形についてわかること。

（ウ）正方形や長方形の面でつくられている箱の形をしたものについてよくわかり、それらを組み立てたりバラバラにしたりすることができること。

**イ** 次のような「考える力」「答えをだす力」「表現する力」などを身につけましょう。

（ア）図形を組み立てている辺や頂点、面や直角をよく見て、組み立てのし方を考えるとともに、身の回りのものの形を図形として考えることができること。

〔おぼえておきたい用語〕
直線　直角　頂点　辺　面

## C 測定（はかること）

（1）量の単位とはかり方についての数学的活動を通して、次のことを学びましょう。

　ア　次のことが、わかったり、できるようになったりしましょう。

　（ア）長さの単位（ミリメートル[mm]、センチメートル[cm]、メートル [m]）やかさの単位（ミリリットル [mL]、デシリットル [dL]、リットル [L]）がわかり、それらを使って量の大きさを表すことができることがわかること。

> 〔おぼえておきたい用語・記号〕
> 単位（上の（ア）の単位）

> 1cm = 10mm　1m = 100cm
> 1L = 10dL　1dL = 100mL
> 1L = 1000mL をおぼえておこうね。

　（イ）長さやかさについて、およその見当をつけ、単位を正しく選んではかることができること。

　イ　次のような「考える力」「答えをだす力」「表現する力」などを身につけましょう。

　（ア）身の回りのものの長さやかさをよく見て、正しい単位で量の大きさを正しく書いたり、比べたりすること。

（2）時刻と時間についての数学的活動を通して、次のことを学びましょう。

ア　次のことがわかったり、できるようになったりしましょう。

（ア）「日」「時」「分」がわかり、それらのつながりがわかること。

> １日＝ 24 時間　１時間＝ 60 分
> をおぼえておこうね。

イ　次のような「考える力」「答えをだす力」「表現する力」などを身につけましょう。

（ア）時間の単位を使って、時刻や時間をふだんの生活に生かすこと。


## D データの活用（データを使うこと）

（１）データを読みとることについての数学的活動を通して、次のことを学びましょう。

ア　次のことがわかったり、できるようになったりしましょう。

（ア）身の回りにある数や量をなかま分けして整理し、簡単な表やグラフにしたり読みとったりすること。

イ　次のような「考える力」「答えをだす力」「表現する力」などを身につけましょう。

（ア）データを整理する観点について注目して、身の回りのことがらを表やグラフを使って考えること。

〈**数学的活動**〉

（1）学ぶ内容の「A 数と計算」、「B 図形」、「C 測定（はかること）」、「D データの活用（データを使うこと）」の学習については、下のア〜エのような数学的活動をしていく。

ア　身の回りの事がらをよく見たり、身の回りのものを使ったりして、数や量、図形について進んで学んでいく活動

イ　ふだんの生活の事がらから見つけた算数の問題を、身の回りのものや、図、数、式などを使って答えを出し、それを確かめる活動

ウ　算数の勉強で見つけた算数の問題を、身の回りのものや、図、数、式などを使って答えを出し、それを確かめる活動

エ　問題を考えると中や答えを、身の回りのものや、図、数、式などを使って書いたり話し合ったりする活動

# 〔**3 年生**〕

## 1．目標

（1）数の表し方、たし算とひき算、かけ算とわり算、小数と分数、二等辺三角形や正三角形などの図形、長さや重さの単位とはかり方、時刻と時間、表と棒グラフなどについて知り、数や量、図形についての感覚を豊かにしていきましょう。

　　整数などの計算のし方、図形のつくり方、長さや重さなどのはかり方、表やグラフの表し方を身につけましょう。

（2）数とその表し方や数や量の関係に着目して、必要によって

81

ものや図などを使って数の表し方や計算のし方などを考える力を身につけましょう。

平面図形の特ちょうを図形を構成する要素に着目してとらえたり、身の回りの出来事を図形の性質から考えたりする力を身につけましょう。

身の回りにあるものの特ちょうを量に着目して、量の単位を使って的確に表す力を身につけましょう。

身の回りの出来事をデータの特ちょうに着目して、簡単に表したり適切に考えたりする力を身につけましょう。

（3）数や量、図形に興味をもち、学習したことをふりかえり、算数で学んだことを使うことのよさに気づき、自分から進んで生活や学習に生かしましょう。


## 2. 学ぶ内容

### A 数と計算

（1）整数の表し方についての数学的活動を通して、次のことを学びましょう。

ア　次のことがわかったり、できるようになったりしましょう。

（ア）「万」の単位がわかること。

（イ）10倍、100倍、1000倍、$\frac{1}{10}$ の大きさの数や、それらの表し方がわかること。

（ウ）数を比べたときの大きさのちがいがわかること。


82

〔**おぼえておきたい用語・記号**〕

数直線

等号 （＝）

不等号 （ ＞ ＜ ）

**3**

算数

**イ** 次のような「考える力」「答えをだす力」「表現する力」などを身につけましょう。

（ア）数のまとまりに着目し、大きな数の大きさの比べ方や表し方を考え、毎日の生活に生かすこと。

（2）たし算やひき算についての数学的活動を通して、次のことを学びましょう。

**ア** 次のことがわかったり、できるようになったりしましょう。

（ア）3けたの数や4けたの数のたし算とひき算の計算が、2けたの数などについての基本的な計算をもとにしてできることがわかること。また、それらのひっ算のし方がわかること。

（イ）たし算とひき算の計算が正しくでき、それらを正しく使うことができること。

**イ** 次のような「考える力」「答えをだす力」「表現する力」などを身につけましょう。

（ア）数や量のつながりに着目し、計算のし方を考えたり計算について成り立つ決まりを見つけたりするとともに、その決まりを使って、計算をくふうしたり計算の確かめをしたりすることができること。

83

（3）かけ算についての数学的活動を通して、次のことを学びましょう。

**ア** 次のことがわかったり、できるようになったりしましょう。

（ア）2けたの数や3けたの数に1けたの数や2けたの数をかけるかけ算の計算が、かけ算九九などの基本的な計算をもとにしてできることがわかること。また、そのひっ算のし方がわかること。

（イ）かけ算の計算が正しくでき、それを正しく使うことができること。

（ウ）かけ算について成り立つ決まりがわかること。

**イ** 次のような「考える力」「答えをだす力」「表現する力」などを身につけましょう。

（ア）数や量のつながりに着目し、計算のし方を考えたり計算について成り立つ決まりを見つけたりするとともに、その決まりを使って、計算をくふうしたり計算の確かめをしたりすることができること。

（4）わり算についての数学的活動を通して、次のことを学びましょう。

**ア** 次のことがわかったり、できるようになったりしましょう。

（ア）わり算の意味がわかり、それが使われる場合がわかること。また、「あまり」についてわかること。

（イ）わり算が用いられる場面を式に表したり、式を読み取ったりすること。

〔おぼえておきたい記号〕

÷

わり算の式は
わられる数÷わる数
といいます。

(ウ) わり算とかけ算やひき算とのつながりがわかること。

(エ) 「わる数」と「答え」がともに1けたの数であるわり算の計算が正しくできること。

(オ) 簡単な場合について、「わる数」が1けたの数で「答え」が2けたの数のわり算の計算のし方がわかること。

イ 次のような「考える力」「答えをだす力」「表現する力」などを身につけましょう。

(ア) 数や量のつながりに着目し、計算の意味や計算のし方を考えたり、計算について成り立つ決まりを見つけたりするとともに、その決まりを使って、計算をくふうしたり計算の確かめをしたりすること。

(イ) 数や量のつながりに着目し、計算をふだんの生活に生かすこと。

(5) 小数とその表し方についての数学的活動を通して、次のことを学びましょう。

ア 次のことがわかったり、できるようになったりしましょう。

(ア) 1より小さい数の大きさを表すのに小数を使うことがわかること。また、小数の表し方と$\frac{1}{10}$の位（小数第1位）につい

て知ること。

（イ） $\frac{1}{10}$ の位までの小数のたし算とひき算の意味がわかり、それらの計算ができることがわかること。

イ　次のような「考える力」「答えをだす力」「表現する力」などを身につけましょう。

（ア）数のまとまりに着目し、小数でも数の大きさを比べたり計算したりできるかどうかを考えるとともに、小数をふだんの生活に生かすこと。

〔おぼえておきたい用語〕
$\frac{1}{10}$ の位（小数第1位）　小数点

（6）分数とその表し方についての数学的活動を通して、次のことを学びましょう。

ア　次のことがわかったり、できるようになったりしましょう。

（ア）等分してできる部分の大きさや1より小さい数の大きさを表すのに分数を使うことがわかること。また、分数の表し方がわかること。

（イ）分数は、分子が1である分数のいくつ分かで表すことができることがわかること。

（ウ）簡単な場合について、分数のたし算とひき算の意味がわかり、それらの計算ができることがわかること。

イ　次のような「考える力」「答えをだす力」「表現する力」などを身につけましょう。

（ア）数のまとまりに着目し、分数でも数の大きさを比べたり計算したりできるかどうかを考えるとともに、分数をふだんの生活に生かすこと。

〔おぼえておきたい用語〕
分母　分子

（7）数や量のつながりを表す式についての数学的活動を通して、次のことを学びましょう。

ア　次のことがわかったり、できるようになったりしましょう。

（ア）数や量のつながりを表す式についてわかるとともに、数や量を□などを使って表し、そのつながりを式に表したり、□などに数を当てはめて調べたりすること。

イ　次のような「考える力」「答えをだす力」「表現する力」などを身につけましょう。

（ア）数や量のつながりに着目し、数や量のつながりを図や式を使ってわかりやすく表したり、式と図を結びつけて式を読んだりすること。

（8）そろばんを使った数の表し方と計算についての数学的活動を通して、次のことを学びましょう。

ア　次のことがわかったり、できるようになったりしましょう。

（ア）そろばんによる数の表し方がわかること。

（イ）簡単なたし算とひき算の計算のし方がわかり、計算することができること。

イ 次のような「考える力」「答えをだす力」「表現する力」などを身につけましょう。

（ア）そろばんのしくみに着目し、大きな数や小数の計算のし方を考えること。

## B 図形

（1）図形についての数学的活動を通して、次のことを学びましょう。

ア 次のことがわかったり、できるようになったりしましょう。

（ア）二等辺三角形、正三角形などがわかり、作図などを通してそれらのつながりにだんだんと着目すること。

（イ）基本的な図形と結びつけて、角についてわかること。

（ウ）円について、中心、半径、直径がわかること。また、円とともに、球についても中心、半径、直径がわかること。

イ 次のような「考える力」「答えをだす力」「表現する力」などを身につけましょう。

（ア）図形をつくっているものに着目し、つくられ方を考えるとともに、図形の性質を見つけ、身の回りのものの形を図形として考えることができること。

## C 測定（はかること）

（1）量の単位と、はかることについての数学的活動を通して、次のことを学びましょう。

ア 次のことがわかったり、できるようになったりしましょう。

(ア) 長さの単位（キロメートル［km］）と重さの単位（グラム［g］、キログラム［kg］）がわかり、はかることの意味がわかること。

> 1km＝1000m　1kg＝1000g
> 1t＝1000kg
> をぼえておこうね。

(イ) 長さや重さについて、正しい単位で表したり、およその見当をつけ、ものさしやはかりなどを正しく選んではかったりすることができること。

イ　次のような「考える力」「答えをだす力」「表現する力」などを身につけましょう。

(ア) 身の回りのものの長さやかさ、重さに着目し、単位どうしのつながりをいろいろな面から調べ、それぞれに共通する単位のつながりを考えること。

(2) 時刻と時間についての数学的活動を通して、次のことを学びましょう。

ア　次のことがわかったり、できるようになったりしましょう。

(ア) 秒についてわかること。

(イ) 毎日の生活に必要な時刻や時間を書いたり、言ったりできること。

イ　次のような「考える力」「答えをだす力」「表現する力」などを身につけましょう。

(ア) 時間の単位に着目し、時刻や時間を書いたり、言ったりす

る方法について調べたり考えたりして、ふだんの生活に生かすこと。

## D データの活用

（1）データの読み取りについての数学的活動を通して、次のことを学びましょう。

　**ア**　次のことがわかったり、できるようになったりしましょう。

　（ア）「日時」に注目したり「場所」に注目したりして、データを分類・整理し、表に表したり読んだりすることができること。

　（イ）棒グラフの特ちょうや、その使い方がわかること。

　**イ**　次のような「考える力」「答えをだす力」「表現する力」などを身につけましょう。

　（ア）データを整理する事がらに着目し、身の回りの出来事について表やグラフを使って調べたり、よく考えたりして、見つけたことを書き表したり発表したりすること。

### 〈数学的活動〉

（1）学ぶ内容の「A 数と計算」、「B 図形」、「C 測定（はかること）」、「D データの活用」の学習については、次のような数学的活動に取り組みましょう。

　**ア**　身の回りの事がらを観察したり、具体物を使ったりして、数や量、図形に進んで取り組む活動

　**イ**　毎日の生活の出来事から見つけた算数の問題を、具体物、図、数、式などを使ってとき、答えを確かめる活動

ウ 算数の学習場面から見つけた算数の問題を、具体物、図、数、式などを使ってとき、答えを確かめる活動

エ 問題をとくと中や答えを、具体物、図、数、式などを使って書き表したり発表したりして、伝え合う活動

〔4年生〕

1. 目標

（1）小数や分数の意味と表し方、たし算、ひき算、かけ算、わり算の関係、小数、分数、平面図形や立体図形、面積、角の大きさ、折れ線グラフなどについて知りましょう。

　整数などの計算のし方、図形のつくり方、図形の面積や角の大きさの求め方、表やグラフの表し方を身につけましょう。

（2）数とその表し方や数量の関係に着目して、目的に合ったやり方を使って計算のし方を考えましょう。

　平面図形や立体図形を平行・垂直などの要素に着目して、図形の性質や位置の表し方を考えたり、図形の面積の求め方や単位、角の大きさを表すし方について考えたりしましょう。

　ともなって変わる二つの量の関係に着目して、変わり方の特ちょうを見つけて、二つの量の関係を表や式を使って考えましょう。

　目的に合ったデータを集めて、データの特ちょうに着目して表やグラフに正しく表し、それらを使って問題を解決したり、解決のと中や結果をいろいろな見方をして考えたりしましょう。

（3）学習したことをふりかえり、いろいろな見方をして考えて
よりよいものを求めてねばり強く考え、算数で学んだことを使
うことのよさに気づき、生活や学習に生かしましょう。

## 2. 学ぶ内容

### A 数と計算

（1）整数の表し方についての数学的活動を通して、次のことを
学びましょう。

**ア** 次のような知識や知識を活用する力を身につけること。

（ア）億、兆の単位がわかり、「一・十・百・千・万・億・兆」
という数の言い表し方ができること。

**イ** 次のような「考える力」「答えをだす力」「表現する力」な
どを身につけましょう。

（ア）数のまとまりに着目し、大きな数の大きさの比べ方や表し
方を、今までの学習を生かしながら考え、それらをふだんの
生活に生かすこと。

（2）がい数（およその数）についての数学的活動を通して、次
のことを学びましょう。

**ア** 次のような知識や知識を活用する力を身につけましょう。

（ア）がい数が用いられる場合についてわかること。

（イ）四捨五入がわかること。

〔おぼえておきたい用語〕

以上　　以下　　未満

（ウ）目的によって、たし算・ひき算・かけ算・わり算の結果の見当をつける（見積もる）ことができること。

〔おぼえておきたい用語〕
和　差　積　商

3
算
数

イ　次のような「考える力」「答えをだす力」「表現する力」などを身につけましょう。

（ア）ふだんの生活の事がらにおける場面に着目し、目的に合わせて、どのようながい数にするかを考えるとともに、それをふだんの生活に生かすこと。

（3）整数のわり算についての数学的活動を通して、次のことを学びましょう。

ア　次のような知識や知識を活用する力を身につけましょう。

（ア）わる数が1けたの数や2けたの数で、わられる数が2けたの数や3けたの数の場合の計算が、基本的な計算をもとにしてできることがわかること。また、そのひっ算のし方がわかること。

（イ）わり算の計算が正しくでき、それを正しく使うことができること。

（ウ）わり算について、次の関係がわかること。

（わられる数）＝（わる数）×（商）＋（あまり）

（エ）わり算に関して成り立つ性質がわかること。

イ　次のような「考える力」「答えをだす力」「表現する力」な

どを身につけましょう。

（ア）数や量の関係に着目し、計算方法を考えたり、計算が成り立つ性質を見つけたりしながら、その性質を活用して、計算をくふうしたり計算を確かめたりすること。

（4）小数とその計算についての数学的活動を通して、次のことを学びましょう。

ア　次のような知識や知識を活用する力を身につけましょう。

（ア）ある量の何倍かを表すのに小数を使うことがわかること。

（イ）小数が整数と同じしくみで表されていることがわかるとともに、ある位の単位に着目したとき、そのいくつ分になるのかがわかること。

（ウ）小数のたし算やひき算の計算ができること。

（エ）かける数やわる数が整数である場合の小数のかけ算とわり算の計算ができること。

イ　次のような「考える力」「答えをだす力」「表現する力」などを身につけましょう。

（ア）数の表し方のしくみや、ある単位の何こ分でその数ができているかに着目して、計算のし方を考えるとともに、それをふだんの生活に生かすこと。

（5）分数とそのたし算やひき算についての数学的活動を通して、次のことを学びましょう。

ア　次のような知識や知識を活用する力を身につけましょう。

（ア）簡単な場合について、大きさの等しい分数があることがわかること。

（イ）同分母の分数のたし算やひき算の計算ができること。

**イ** 次のような「考える力」「答えをだす力」「表現する力」などを身につけましょう。

（ア）数をつくっている単位に着目し、大きさの等しい分数をさがしたり、計算のし方を考えたりするとともに、それをふだんの生活に生かすこと。

〔おぼえておきたい用語〕

真分数　仮分数　帯分数

3
算
数

（6）数や量の関係を表す式についての数学的活動を通して、次のことを学びましょう。

**ア** 次のような知識や知識を活用する力を身につけましょう。

（ア）たし算・ひき算・かけ算・わり算がまざった式や（　）を使った式がわかり、正しく計算することができること。

（イ）長方形や正方形の面積を求める公式についての考え方がわかり、公式を使うことができること。

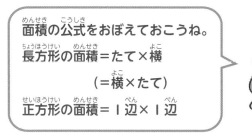

面積の公式をおぼえておこうね。
**長方形の面積＝たて×横**

（＝横×たて）

**正方形の面積＝１辺×１辺**

（ウ）数や量を□、△などを使って表し、その関係を式に表したり、

95

□、△などに数を当てはめて調べたりすることができること。

イ　次のような「考える力」「答えをだす力」「表現する力」などを身につけましょう。

（ア）問題を考えるときに数と量の関係に着目し、数と量の関係をわかりやすく、共通する決まりを見つけて表したり、式の意味を読み取ったりすること。

（7）計算が成り立つ性質についての数学的活動を通して、次のことを学びましょう。

ア　次のような知識や知識を活用する力を身につけましょう。

（ア）たし算・ひき算・かけ算・わり算が成り立つ性質がわかること。

イ　次のような「考える力」「答えをだす力」「表現する力」などを身につけましょう。

（ア）数や量の関係に着目し、計算が成り立つ性質を使って計算のやり方を考えること。


（8）そろばんを使った数の表し方と計算についての数学的活動を通して、次のことを学びましょう。

ア　次のような知識や知識を活用する力を身につけましょう。

（ア）たし算やひき算の計算ができること。

イ　次のような「考える力」「答えをだす力」「表現する力」などを身につけましょう。

（ア）そろばんのしくみに着目し、大きな数や小数の計算のし方を考えること。

## B 図形

（1）平面図形についての数学的活動を通して、次のことを学びましょう。

　ア　次のような知識や知識を活用する力を身につけましょう。

（ア）直線の平行や垂直の関係がわかること。

（イ）平行四辺形、ひし形、台形がわかること。

　イ　次のような「考える力」「答えをだす力」「表現する力」などを身につけましょう。

（ア）図形をかたちづくるために必要な頂点、辺、角やそれらの位置関係に着目し、かたちづくるし方を考えたり調べたりし、図形の性質を見つけるとともに、その性質をもとに、これまでに学習した図形について見直すこと。

〔おぼえておきたい用語〕
平行　垂直　対角線

（2）立体図形についての数学的活動を通して、次のことを学びましょう。

ア　次のような知識や知識を活用する力を身につけましょう。

（ア）立方体、直方体がわかること。

（イ）直方体について、直線や平面の平行や垂直の関係がわかること。

（ウ）見取図、展開図がわかること。

　イ　次のような「考える力」「答えをだす力」「表現する力」な

どを身につけましょう。

（ア）図形をかたちづくるために必要な面、辺、頂点やそれらの位置関係に着目し、立体図形を平面図形で表したりその作り方を考えたりして図形の性質を見いだすとともに、毎日の生活の中の事がらを図形の性質から見直すこと。

〔おぼえておきたい用語〕
平面

（3）ものの位置についての数学的活動を通して、次のことを学びましょう。

**ア** 次のような知識や知識を活用する力を身につけましょう。

（ア）平面や空間でのものの位置の表し方がわかること。

**イ** 次のような「考える力」「答えをだす力」「表現する力」などを身につけましょう。

（ア）平面や空間で位置を決めるのに必要なものに着目し、その位置を数を使って表す方法を考えたり調べたりすることができること。

（4）平面図形の面積についての数学的活動を通して、次のことを学びましょう。

**ア** 次のような知識や知識を活用する力を身につけましょう。

（ア）面積の単位（平方センチメートル〔㎠〕、平方メートル〔㎡〕、平方キロメートル〔㎢〕）がわかること。

アール（a）、ヘクタール（ha）は
面積の単位です。おぼえておこうね。

(イ) 正方形や長方形の面積の計算による求め方がわかること。

イ　次のような「考える力」「答えをだす力」「表現する力」などを身につけましょう。

(ア) 面積の単位や、図形をかたちづくるために必要な要素に着目し、図形の面積の求め方を考えるとともに、面積の単位とこれまでに学習した単位との関係を考えたり調べたりすること。

(5) 角の大きさについての数学的活動を通して、次のことを学びましょう。

ア　次のような知識や知識を活用する力を身につけましょう。

(ア) 角の大きさを辺の回転の大きさとして考えることができること。

(イ) 角の大きさの単位（度 [ °]）がわかり、角の大きさをはかることができること。

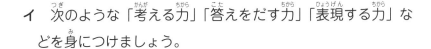

1度（1°）　　1直角＝90°
をおぼえておこうね。

イ　次のような「考える力」「答えをだす力」「表現する力」などを身につけましょう。

（ア）図形の角の大きさに着目し、角の大きさをいろいろな見方で表したり、図形について考えるときに生かしたりすること。

## C 変化と関係

（1）ともなって変わる二つの数や量についての数学的活動を通して、次のことを学びましょう。

**ア** 次のような知識や知識を活用する力を身につけましょう。

（ア）変化のようすを表や式、折れ線グラフを使って表したり、変化の特ちょうを読み取ったりすることができること。

**イ** 次のような「考える力」「答えをだす力」「表現する力」などを身につけましょう。

（ア）ともなって変わる二つの数と量を見つけて、それらの関係に着目し、表や式を使って変化や対応する特ちょうを考えたり調べたりすること。

（2）二つの数や量の関係についての数学的活動を通して、次のことを学びましょう。

**ア** 次のような知識や知識を活用する力を身につけましょう。

（ア）簡単な場合について、ある二つの数や量の関係と別の二つの数や量の関係とを比べる場合に割合を使う場合があることがわかること。

> 割合は、もとにする量を１とみたとき、比べられる量がどれだけにあたるかを表した数だよ。割合は、５年生でくわしく勉強するよ。

イ　次のような「考える力」「答えをだす力」「表現する力」などを身につけましょう。

（ア）日常の生活の中の事がらにおける数や量の関係に着目し、図や式などを使って、ある二つの数や量の関係と別の二つの数や量の関係との比べ方を考えたり調べたりすること。

## D データの活用

（１）データを集めることとそれを調べることについての数学的活動を通して、次のことを学びましょう。

**ア**　次のような知識や知識を活用する力を身につけましょう。

（ア）データを二つの観点から分類したり整理したりする方法がわかること。

（イ）折れ線グラフの特ちょうとその使い方がわかること。

**イ**　次のような「考える力」「答えをだす力」「表現する力」などを身につけましょう。

（ア）目的に合わせてデータを集めて分類したり整理したりし、データの特ちょうやけい向に着目し、問題を解決するためにふさわしいグラフを選んで答えを出し、その答えについて考えたり調べたりすること。

## 〈数学的活動〉

（１）学ぶ内容の「Ａ 数と計算」、「Ｂ 図形」、「Ｃ 変化と関係」、「Ｄ データの活用」の学習については、次のような数学的活動に取り組みましょう。

ア　日常の生活の中の事がらから算数の問題を見つけて答えを出し、その答えを確かめたり、日常の生活などに生かしたりする活動

イ　算数を学習する中から算数の問題を見つけて答えを出し、その答えを確かめたり、もっと広く考えたり調べたりする活動

ウ　問題をとくと中や結果を、図や式などを使って数学的に表し伝え合う活動

## 〔5年生〕

### 1.目標

（1）整数の性質、分数の意味、小数のかけ算・わり算や分数のたし算・ひき算の意味、平行四辺形や三角形などの面積を求める公式、図形の意味と性質、直方体や立方体の体積、速さ、割合、帯グラフなどについて知りましょう。

　　小数のかけ算・わり算、分数のたし算・ひき算のし方、図形の性質を調べたり、平行四辺形や三角形などの面積や直方体や立方体の体積を求めたり、表や帯グラフや円グラフに表したりすることを身につけましょう。

（2）数とその表し方や計算の意味に着目して、目的に合ったやり方を使って計算のし方を考えましょう。

　　平面図形や立体図形を平行・垂直などの要素に着目して、図形の性質や位置の表し方を考えたり、図形の面積の求め方や単

位、角の大きさを表すし方について考えたりしましょう。

　ともなって変わる二つの数量の関係に着目して、変わり方の特ちょうを見つけて、二つの数量の関係を表や式を使って考えましょう。

　目的に合ったデータを集めて、データの特ちょうに着目して表やグラフに正しく表し、それらを使って問題を解決したり、解決のと中や結果をいろいろな見方をして考えたりしましょう。

（3）学習したことをふりかえり、いろいろな見方をして考えてよりよいものを求めてねばり強く考え、算数で学んだことを使うことのよさに気づき、生活や学習に生かしましょう。

3

算数

## 2．学ぶ内容

### A 数と計算

（1）整数の性質や整数の構成についての数学的活動を通して、次のことを学びましょう。

　ア　次のような知識や技能を身につけましょう。

　（ア）整数は、観点を決めると偶数と奇数に分類できることがわかること。

　（イ）約数、倍数がわかること。

〔おぼえておきたい用語〕
最大公約数　最小公倍数

　イ　次のような「考える力」「判断する力」「表現する力」など

103

を身につけましょう。

（ア）かけ算とわり算に着目し、観点を決めて整数を分類するやり方を考えたり、数がどのように表すことができるかについて考えたり調べたりするとともに、日常生活に生かすこと。

（2）整数や小数の表し方についての数学的活動を通して、次のことを学びましょう。

ア　次のような知識や技能を身につけましょう。

（ア）ある数の10倍、100倍、1000倍、$\frac{1}{10}$、$\frac{1}{100}$などの大きさの数を、小数点の位置を移動させてつくることができること。

イ　次のような「考える力」「判断する力」「表現する力」などを身につけましょう。

（ア）数の表し方のしくみに着目し、数どうしを比べたときの大きさを考えたり調べたりして、計算などにうまく生かすこと。

（3）小数のかけ算やわり算についての数学的活動を通して、次のことを学びましょう。

ア　次のような知識や技能を身につけましょう。

（ア）かける数やわる数が小数である場合の小数のかけ算やわり算の意味がわかること。

（イ）小数のかけ算やわり算の計算ができること。また、余りの大きさがわかること。

（ウ）小数のかけ算やわり算についても整数の場合と同じ関係や法則が成り立つことがわかること。

イ　次のような「考える力」「判断する力」「表現する力」などを身につけましょう。

（ア）かけ算やわり算の意味に着目し、かける数やわる数が小数である場合まで数を広げてかけ算やわり算の意味を考え直すとともに、それらの計算のし方を考えたり、それらを日常生活に生かしたりすること。

（4）分数についての数学的活動を通して、次のことを学びましょう。

ア　次のような知識や技能を身につけましょう。

（ア）整数や小数を分数の形に直したり、分数を小数で表したりすることができること。

（イ）整数のわり算の結果は、分数を使うと常に一つの数として表すことができることがわかること。

（ウ）一つの分数の分子や分母に同じ数をかけたりわったりしてできる分数は、もとの分数と同じ大きさを表すことがわかること。

〔おぼえておきたい用語〕
通分　約分

（エ）いくつかの分数について、等しいか、大きいか小さいかがわかり、比べることができること。

イ　次のような「考える力」「判断する力」「表現する力」などを身につけましょう。

（ア）数を構成する単位に着目し、数が等しいか、あるいは大きいか小さいかについて考えたり調べたりすること。

（イ）分数の書き表し方に着目し、わり算の結果の表し方をふり返り復習し、分数の意味をまとめること。

（5）分数のたし算やひき算についての数学的活動を通して、次のことを学びましょう。

ア　次のような知識や技能を身につけましょう。

（ア）分母のちがう分数のたし算やひき算の計算ができること。

イ　次のような「考える力」「判断する力」「表現する力」などを身につけましょう。

（ア）分数の意味や大きさに着目し、通分を使った計算のし方を考えること。

（6）数量の関係を表す式についての数学的活動を通して、次のことを学びましょう。

ア　次のような知識や技能を身につけましょう。

（ア）数量の関係を表す式がよくわかること。

イ　次のような「考える力」「判断する力」「表現する力」などを身につけましょう。

（ア）二つの数量の対応関係や変わり方に着目し、簡単な式で表されている関係について考えたり調べたりすることができること。


## B 図形

（1）平面図形についての数学的活動を通して、次のことを学びましょう。

ア　次のような知識や技能を身につけましょう。

（ア）図形の形や大きさが決まる要素がわかるとともに、図形の合同についてわかること。

（イ）三角形や四角形など多角形についての簡単な性質がわかること。

（ウ）円と関連させて正多角形の基本的な性質がわかること。

（エ）円周率の意味がわかり、それを活用できること。

- どんな三角形でも 3 つの角の和は 180°
- どんな四角形でも 4 つの角の和は 360°
- 円周＝直径×円周率（3.14）

をおぼえておこうね。

イ　次のような「考える力」「判断する力」「表現する力」などを身につけましょう。

（ア）図形を構成する要素や図形どうしの関係に着目し、構成のし方を考えたり、図形の性質を見つけ、その性質を筋道を立てて考え説明したりすること。

（2）立体図形についての数学的活動を通して、次のことを学びましょう。

ア　次のような知識や技能を身につけましょう。

（ア）基本的な角柱や円柱がわかること。

イ　次のような「考える力」「判断する力」「表現する力」などを身につけましょう。

（ア）図形を構成する要素に着目し、図形の性質を見つけるとともに、その性質をもとに、これまでに学習した図形を見直すこと。

〔おぼえておきたい用語〕
底面　側面

（3）平面図形の面積についての数学的活動を通して、次のことを学びましょう。

ア　次のような知識や技能を身につけましょう。

（ア）三角形、平行四辺形、ひし形、台形の面積の計算による求め方がわかること。

面積の公式をおぼえておこうね。
三角形の面積＝底辺×高さ÷2
平行四辺形の面積＝底辺×高さ
ひし形の面積＝一方の対角線×もう一方の対角線
台形の面積＝（上底＋下底）×高さ÷2

イ　次のような「考える力」「判断する力」「表現する力」などを身につけましょう。

（ア）図形を構成する要素などに着目して、基本図形の面積の求め方を見つけるとともに、その表し方をふり返り、わかりや

すく、的確な表し方に高め、公式として導くこと。

（４）立体図形の体積についての数学的活動を通して、次のことを学びましょう。

ア　次のような知識や技能を身につけましょう。

（ア）体積の単位（立方センチメートル［cm³］、立方メートル［m³］）がわかること。

（イ）立方体や直方体の体積の計算による求め方がわかること。

体積の公式をおぼえておこうね。
直方体の体積＝たて×横×高さ
立方体の体積＝１辺×１辺×１辺

イ　次のような「考える力」「判断する力」「表現する力」などを身につけましょう。

（ア）体積の単位や図形を構成する要素に着目し、図形の体積の求め方を考えるとともに、体積の単位とこれまでに学習した単位との関係を考えたり調べたりすること。

C　変化と関係

（１）ともなって変わる二つの数量についての数学的活動を通して、次のことを学びましょう。

ア　次のような知識や技能を身につけましょう。

（ア）簡単な場合について、比例の関係があることがわかること。

イ　次のような「考える力」「判断する力」「表現する力」など
を身につけましょう。

（ア）ともなって変わる二つの数量を見つけて、それらの関係に
着目し、表や式を使って変化や対応関係の特ちょうを考えた
り調べたりすること。

〔おぼえておきたい用語〕
比例

（２）二つのちがう量の割合として考えられる数量についての
数学的活動を通して、次のことを学びましょう。

ア　次のような知識や技能を身につけましょう。

（ア）速さなど単位量当たりの大きさの意味や表し方がわかり、
それを求めることができること。

速さ＝道のり÷時間
で求めることができるよ。

イ　次のような「考える力」「判断する力」「表現する力」など
を身につけましょう。

（ア）二つのちがう量の割合として考えられる数量の関係に着目
し、目的に応じて大きさを比べたり表したりする方法を考え
たり調べたりし、それらを日常生活に生かすこと。

（３）二つの数量の関係についての数学的活動を通して、次のこ

とを学びましょう。

ア　次のような知識や技能を身につけましょう。

（ア）ある二つの数量の関係と別の二つの数量の関係とを比べる
　　　場合に割合を使う場合があることがわかること。

> 比べられる量（比べる量）÷もと
> にする量で割合を求めることがで
> きるよ。

（イ）百分率を使った表し方がわかり、割合などを求めることが
　　　できること。

> 〔おぼえておきたい記号〕
>
> ％

イ　次のような「考える力」「判断する力」「表現する力」など
　　を身につけましょう。

（ア）日常の事がらにおける数量の関係に着目し、図や式などを
　　　使って、ある二つの数量の関係と別の二つの数量の関係との
　　　比べ方を考えたり調べたりし、それを日常生活に生かすこと。

## D データの活用

（1）データを集めることとその分せきについての数学的活動を
　　　通して、次のことを学びましょう。

**3**

　ア　次のような知識や技能を身につけましょう。

（ア）円グラフや帯グラフの特ちょうとそれらの使い方がわかること。

（イ）データを集めることや適切な手法を選ぶなど、統計的な問題解決の方法がわかること。

　イ　次のような「考える力」「判断する力」「表現する力」などを身につけましょう。

（ア）目的に応じてデータを集めて分類整理し、データの特ちょうやけい向に着目して、問題解決のために適切なグラフを選んで判断し、その結論についてさまざまにとらえて考えたり調べたりすること。

（2）測定した結果を平均する方法についての数学的活動を通して、次のことを学びましょう。

　ア　次のような知識や技能を身につけましょう。

（ア）平均の意味がわかること。

　イ　次のような「考える力」「判断する力」「表現する力」などを身につけましょう。

（ア）大まかに考えることに着目し、測定した結果を平均する方法について考えたり調べたりし、それを学習や日常生活で生かすこと。

平均＝合計÷個数
で求めることができるよ。

〈数<sup>すう</sup>学<sup>がく</sup>的<sup>てき</sup>活<sup>かつ</sup>動<sup>どう</sup>〉

（１）学<sup>まな</sup>ぶ内<sup>ない</sup>容<sup>よう</sup>の「Ａ　数<sup>かず</sup>と計<sup>けい</sup>算<sup>さん</sup>」、「Ｂ　図<sup>ず</sup>形<sup>けい</sup>」、「Ｃ　変<sup>へん</sup>化<sup>か</sup>と関<sup>かん</sup>係<sup>けい</sup>」、
「Ｄ　データの活<sup>かつ</sup>用<sup>よう</sup>」の学<sup>がく</sup>習<sup>しゅう</sup>については、次<sup>つぎ</sup>のような数<sup>すう</sup>学<sup>がく</sup>的<sup>てき</sup>活<sup>かつ</sup>動<sup>どう</sup>
に取<sup>と</sup>り組<sup>く</sup>みましょう。

　　ア　日<sup>にち</sup>常<sup>じょう</sup>の事<sup>こと</sup>がらから算<sup>さん</sup>数<sup>すう</sup>の問<sup>もん</sup>題<sup>だい</sup>を見<sup>み</sup>つけて解<sup>かい</sup>決<sup>けつ</sup>し、結<sup>けっ</sup>果<sup>か</sup>を確<sup>たし</sup>
かめたり、日<sup>にち</sup>常<sup>じょう</sup>生<sup>せい</sup>活<sup>かつ</sup>などに生<sup>い</sup>かしたりする活<sup>かつ</sup>動<sup>どう</sup>

　　イ　算<sup>さん</sup>数<sup>すう</sup>を学<sup>がく</sup>習<sup>しゅう</sup>する中<sup>なか</sup>から算<sup>さん</sup>数<sup>すう</sup>の問<sup>もん</sup>題<sup>だい</sup>を見<sup>み</sup>つけて解<sup>かい</sup>決<sup>けつ</sup>し、結<sup>けっ</sup>果<sup>か</sup>
を確<sup>たし</sup>かめたり、もっと広<sup>ひろ</sup>く考<sup>かんが</sup>えたり調<sup>しら</sup>べたりする活<sup>かつ</sup>動<sup>どう</sup>

　　ウ　問<sup>もん</sup>題<sup>だい</sup>解<sup>かい</sup>決<sup>けつ</sup>の過<sup>か</sup>程<sup>てい</sup>や結<sup>けっ</sup>果<sup>か</sup>を、図<sup>ず</sup>や式<sup>しき</sup>などを使<sup>つか</sup>って数<sup>すう</sup>学<sup>がく</sup>的<sup>てき</sup>に表<sup>あらわ</sup>
し、伝<sup>つた</sup>え合<sup>あ</sup>う活<sup>かつ</sup>動<sup>どう</sup>

# 〔６年<sup>ねん</sup>生<sup>せい</sup>〕

## 1.目<sup>もく</sup>標<sup>ひょう</sup>

（１）分<sup>ぶん</sup>数<sup>すう</sup>のかけ算<sup>ざん</sup>・わり算<sup>ざん</sup>の意<sup>い</sup>味<sup>み</sup>、文<sup>も</sup>字<sup>じ</sup>を使<sup>つか</sup>った式<sup>しき</sup>、図<sup>ず</sup>形<sup>けい</sup>の意<sup>い</sup>味<sup>み</sup>、
図<sup>ず</sup>形<sup>けい</sup>の体<sup>たい</sup>積<sup>せき</sup>、比<sup>ひ</sup>例<sup>れい</sup>、度<sup>ど</sup>数<sup>すう</sup>分<sup>ぶん</sup>布<sup>ぷ</sup>を表<sup>あらわ</sup>す表<sup>ひょう</sup>などについて知<sup>し</sup>りましょう。
分<sup>ぶん</sup>数<sup>すう</sup>のかけ算<sup>ざん</sup>・わり算<sup>ざん</sup>をしたり、図<sup>ず</sup>形<sup>けい</sup>の面<sup>めん</sup>積<sup>せき</sup>や体<sup>たい</sup>積<sup>せき</sup>を求<sup>もと</sup>めた
り、表<sup>ひょう</sup>やグラフに表<sup>あらわ</sup>したりすることを身<sup>み</sup>につけましょう。

（２）数<sup>かず</sup>とその表<sup>あらわ</sup>し方<sup>かた</sup>や計<sup>けい</sup>算<sup>さん</sup>の意<sup>い</sup>味<sup>み</sup>に着<sup>ちゃく</sup>目<sup>もく</sup>し、さまざまな面<sup>めん</sup>から
考<sup>かんが</sup>えて問<sup>もん</sup>題<sup>だい</sup>を見<sup>み</sup>つけ、目<sup>もく</sup>的<sup>てき</sup>に合<sup>あ</sup>ったいろいろな表<sup>ひょう</sup>現<sup>げん</sup>方<sup>ほう</sup>法<sup>ほう</sup>を使<sup>つか</sup>っ
て、数<sup>かず</sup>の表<sup>あらわ</sup>し方<sup>かた</sup>や計<sup>けい</sup>算<sup>さん</sup>のし方<sup>かた</sup>を考<sup>かんが</sup>えましょう。
図<sup>ず</sup>形<sup>けい</sup>をつくっている要<sup>よう</sup>素<sup>そ</sup>や図<sup>ず</sup>形<sup>けい</sup>どうしの関<sup>かん</sup>係<sup>けい</sup>などに着<sup>ちゃく</sup>目<sup>もく</sup>し、
図<sup>ず</sup>形<sup>けい</sup>の性<sup>せい</sup>質<sup>しつ</sup>、面<sup>めん</sup>積<sup>せき</sup>や体<sup>たい</sup>積<sup>せき</sup>の求<sup>もと</sup>め方<sup>かた</sup>を考<sup>かんが</sup>えましょう。
ともなって変<sup>か</sup>わる二<sup>ふた</sup>つの数<sup>すう</sup>量<sup>りょう</sup>の関<sup>かん</sup>係<sup>けい</sup>に着<sup>ちゃく</sup>目<sup>もく</sup>して、変<sup>か</sup>わり方<sup>かた</sup>の

特ちょうを見つけて、二つの数量の関係を表や式、グラフを使って考えましょう。

　身の回りの事象の問題について、目的に合ったデータを集めてデータの特ちょうに着目して正しいやり方を選んで分析して問題を解決したり、解決のと中や結果を正しいかどうか考えたりしましょう。

（3）学習したことをふり返り、いろいろな見方をして考えてよりよいものを求めてねばり強く考え、算数で学んだことを使うことのよさに気づき、生活や学習に生かしましょう。

## 2. 学ぶ内容

### A 数と計算

（1）分数のかけ算やわり算についての数学的活動を通して、次のことを学びましょう。

　ア　次のような知識や技能を身につけましょう。

（ア）かける数やわる数が整数や分数である場合もふくめて、分数のかけ算やわり算の意味がわかること。

（イ）分数のかけ算やわり算の計算ができること。

（ウ）分数のかけ算やわり算についても、整数の場合と同じ関係や法則が成り立つことがわかること。

　イ　次のような「考える力」「判断する力」「表現する力」などを身につけましょう。

（ア）数の意味と表現、計算について成り立つ性質に着目し、計算のし方をさまざまに見て考えること。

114

（2）数量の関係を表す式について数学的活動を通して、次のことを学びましょう。

ア　次のような知識や技能を身につけましょう。

（ア）数量を表す言葉や□、△などの代わりに、a、x などの文字を使って式に表したり、文字に数を当てはめて調べたりすることができること。

イ　次のような「考える力」「判断する力」「表現する力」などを身につけましょう。

（ア）問題場面の数量の関係に着目し、数量の関係をわかりやすくかつ一般的に表現したり、式の意味を読み取ったりすること。

B　図形

（1）平面図形についての数学的活動を通して、次のことを学びましょう。

ア　次のような知識や技能を身につけましょう。

（ア）縮図や拡大図がわかること。

実際の長さを縮めた割合のことを縮尺というんだよ。

（イ）対称な図形がわかること。

**3**

〔おぼえておきたい用語〕

線対象（せんたいしょう）　対象の軸（たいしょう　じく）

点対象（てんたいしょう）　対象の中心（たいしょう　ちゅうしん）

**イ**　次（つぎ）のような「考（かんが）える力（ちから）」「判断（はんだん）する力（ちから）」「表現（ひょうげん）する力（ちから）」などを身（み）につけましょう。

（ア）図形（ずけい）を構成（こうせい）する要素（ようそ）や図形（ずけい）どうしの関係（かんけい）に着目（ちゃくもく）し、構成（こうせい）のし方（かた）を考（かんが）えたり図形（ずけい）の性質（せいしつ）を見（み）つけたりするとともに、その性質（せいしつ）をもとに、これまでに学習（がくしゅう）した図形（ずけい）をとらえ直（なお）したり日常生活（にちじょうせいかつ）に生（い）かしたりすること。

（2）身（み）の回（まわ）りにある形（かたち）のおよその形（かたち）やおよその面積（めんせき）などについての数学的活動（すうがくてきかつどう）を通（とお）して、次（つぎ）のことを学（まな）びましょう。

**ア**　次（つぎ）のような知識（ちしき）や技能（ぎのう）を身（み）につけましょう。

（ア）身（み）の回（まわ）りにある形（かたち）について、そのおよその形（かたち）をとらえ、およその面積（めんせき）などを求（もと）めることができること。

**イ**　次（つぎ）のような「考（かんが）える力（ちから）」「判断（はんだん）する力（ちから）」「表現（ひょうげん）する力（ちから）」などを身（み）につけましょう。

（ア）図形（ずけい）を構成（こうせい）する要素（ようそ）や性質（せいしつ）に着目（ちゃくもく）し、筋道（すじみち）を立（た）てて面積（めんせき）などの求（もと）め方（かた）を考（かんが）え、それを日常生活（にちじょうせいかつ）に生（い）かすこと。

（3）平面図形（へいめんずけい）の面積（めんせき）についての数学的活動（すうがくてきかつどう）を通（とお）して、次（つぎ）のことを学（まな）びましょう。

**ア**　次（つぎ）のような知識（ちしき）や技能（ぎのう）を身（み）につけましょう。

（ア）円（えん）の面積（めんせき）の計算（けいさん）による求（もと）め方（かた）がわかること。

116

円の面積は
（半径）×（半径）× 3.14
で求めることができるよ。

イ　次のような「考える力」「判断する力」「表現する力」など
　　を身につけましょう。

（ア）図形を構成する要素などに着目し、基本的な図形の面積の
　　　求め方を見つけるとともに、その表現をふり返り、簡潔かつ
　　　的確な表現に高め、公式を導き出すこと。

（4）立体図形の体積についての数学的活動を通して、次のこと
　　を学びましょう。

ア　次のような知識や技能を身につけましょう。

（ア）基本的な角柱や円柱の体積の計算による求め方がわかるこ
　　　と。

イ　次のような「考える力」「判断する力」「表現する力」など
　　を身につけましょう。

（ア）図形を構成する要素に着目し、基本図形の体積の求め方を
　　　見つけるとともに、その表現をふり返り、簡潔かつ的確な表
　　　現に高め、公式を導き出すこと。


C 変化と関係

（1）ともなって変わる二つの数量についての数学的活動を通し
　　て、次のことを学びましょう。

ア　次のような知識や技能を身につけましょう。

（ア）比例の関係の意味や性質がわかること。

（イ）比例の関係を使った問題解決の方法がわかること。

（ウ）反比例の関係がわかること。

イ　次のような「考える力」「判断する力」「表現する力」など
を身につけましょう。

（ア）いっしょに変わる二つの数量を見つけて、それらの関係に
着目し、目的に応じて表や式、グラフを使ってそれらの関係
を表現して、変化や対応の特ちょうを見つけるとともに、そ
れらを日常生活に生かすこと。

（2）二つの数量の関係についての数学的活動を通して、次のこ
とを学びましょう。

ア　次のような知識や技能を身につけましょう。

（ア）比の意味や表し方がわかり、数量の関係を比で表したり、
等しい比をつくったりすることができること。

イ　次のような「考える力」「判断する力」「表現する力」など
を身につけましょう。

（ア）日常の事がらにおける数量の関係に着目し、図や式などを
使って数量の関係の比べ方を考えて、それを日常生活に生か
すこと。

〔おぼえておきたい用語・記号〕

比の値　：

## D データの活用

（1）データの収集とその分せきについての数学的活動を通して、次のことを学びましょう。

ア　次のような知識や技能を身につけましょう。

（ア）代表値の意味や求め方がわかること。

（イ）度数分布を表す表やグラフの特ちょうや、それらの使い方がわかること。

（ウ）目的に応じてデータを収集したり適切な手法を選んだりするなど、統計的な問題解決の方法がわかること。

イ　次のような「考える力」「判断する力」「表現する力」などを身につけましょう。

（ア）目的に応じてデータを集めて分類整理し、データの特ちょうやけい向に着目し、代表値などを使って問題の結論について判断するとともに、その結論が合っているかどうかについて考えること。

（2）起こり得る場合についての数学的活動を通して、次のことを学びましょう。

ア　次のような知識や技能を身につけましょう。

（ア）起こり得る場合を順序よく整理するための図や表などの使い方がわかること。

イ　次のような「考える力」「判断する力」「表現する力」などを身につけましょう。

（ア）事がらの特ちょうに着目し、順序よく整理する観点を決めて、落ちや重なりなく調べる方法を考えること。

3
算数

**3**

〔おぼえておきたい用語〕

ドットプロット　平均値（へいきんち）　中央値（ちゅうおうち）

最頻値（さいひんち）　階級（かいきゅう）

〈数学的活動（すうがくてきかつどう）〉

（1）学ぶ内容の「A　数と計算」、「B　図形」、「C　変化と関係」、
「D　データの活用」の学習については、次のような数学的活動
に取り組みましょう。

ア　日常の事がらを算数の問題としてとらえて解決し、解決過
程をふり返り、結果や方法を改善したり、日常生活などに生
かしたりする活動

イ　算数を学習する中で算数の問題を見つけて解決し、解決過
程をふり返り統合的・発展的に考える活動

ウ　問題解決の過程や結果を、目的に合わせて図や式などを
使って数学的に表現し伝え合う活動

# ④ 理科
りか

## 1. 理科を学ぶ目標

　自然に親しみ、理科を学ぶときに使う見方や考え方をはたらかせ、見通しをもって観察、実験を行うことなどを通して、自然の事がらや出来事についての問題を科学的に解決するために必要な力を身につけましょう。

（1）自然の事がら・出来事についての理解を進め、観察、実験などに関する基本的な技能を身につけましょう。

（2）観察、実験などを行い、問題を解決する力を身につけましょう。

（3）自然を大切にして守ろうとし、自分から進んで問題を解決しようとしましょう。

## 2. それぞれの学年の目標と学ぶ内容

### 〔3年生〕

**1.目標**

（1）物質・エネルギー

① 物の性質、風とゴムの力のはたらき、光と音の性質、磁石の性質、電気の通り道について知り、観察や実験などのやり方を身につけましょう。

② 物の性質、風とゴムの力のはたらき、光と音の性質、磁石の性質、電気の通り道について調べていく中で、似ているところやちがうところをくらべて、問題を見つける力を身につけましょう。

③ 物の性質、風とゴムの力のはたらき、光と音の性質、磁石の性質や電気の通り道について調べていく中で、自分から問題を解決しようしましょう。

（2）生命・地球

① 身の回りの生き物、太陽の光とかげのようすについて知るとともに、観察や実験などのやり方を身につけましょう。

② 身の回りの生き物、太陽と地面のようすについて調べていく中で、似ているところやちがうところをくらべて、問題を見つける力を身につけましょう。

③ 身の回りの生き物、太陽の光とかげのようすについて調べていく中で、生き物を大切にして守ろうとしたり、自分から問題を解決しようとしたりしましょう。

## 2. 学ぶ内容

### A 物質・エネルギー

（1）物と重さ

物の性質について、形や体積に着目し、重さをくらべながら調べる活動を通して、次のことを身につけましょう。

ア　次のことがわかるとともに、観察、実験などについてのやり方を身につけましょう。

（ア）物は、形が変わっても重さは変わらないことがわかること。

（イ）物は、体積が同じでも重さはちがうことがあることがわかること。

イ　物の形や体積と重さとの関係について調べる中で、ちがう

123

点や同じ点をもとに、物の性質についての問題を見つけて、表現すること。

（２）風とゴムの力のはたらき

　　風とゴムの力のはたらきについて、力と物の動くようすに着目し、それらをくらべながら調べる活動を通して、次のことを身につけましょう。

　ア　次のことがわかるとともに、観察、実験などについてのやり方を身につけましょう。

　（ア）風の力は、物を動かすことができること。また、風の力の大きさを変えると、物が動くようすも変わることがわかること。

　（イ）ゴムの力は、物を動かすことができること。また、ゴムの力の大きさを変えると、物が動くようすも変わることがわかること。

　イ　風とゴムの力で物が動くようすについて調べる中で、ちがう点や同じ点をもとに、風とゴムの力のはたらきについての問題を見つけて、表現すること。

（３）光と音の性質

　　光と音の性質について、光を当てたときの明るさや暖かさ、音を出したときのふるえ方に着目し、光の強さや音の大きさを変えたときのちがいをくらべながら調べる活動を通して、次のことを身につけましょう。

　ア　次のことがわかるとともに、観察、実験などについてのやり方を身につけましょう。

（ア）日光は直進し、集めたり反射させたりできることがわかる
こと。

（イ）物に日光を当てると、物の明るさや暖かさが変わることが
わかること。

（ウ）物から音が出たり伝わったりするとき、物はふるえている
こと。また、音の大きさが変わるとき物のふるえ方が変わる
ことがわかること。

イ　光を当てたときの明るさや暖かさのようす、音を出したと
きのふるえ方のようすについて調べる中で、ちがう点や同じ
点をもとに、光と音の性質についての問題を見つけて、表現
すること。

（4）磁石の性質

磁石の性質について、磁石を身の回りの物に近づけたときの
ようすに着目し、それらをくらべながら調べる活動を通して、
次のことを身につけましょう。

ア　次のことがわかるとともに、観察、実験などについてのや
り方を身につけましょう。

（ア）磁石に引きつけられる物と引きつけられない物があること。
また、磁石に近づけると磁石になる物があることがわかるこ
と。

（イ）磁石のN極とS極は引き合い、N極とN極、またはS極
とS極は反発し合うことがわかること。

イ　磁石を身の回りの物に近づけたときのようすについて調べ
る中で、ちがう点や同じ点をもとに、磁石の性質についての

問題を見つけて、表現すること。

（5）電気の通り道

　　電気の通り道（回路）について、かん電池と豆電球などのつなぎ方と、かん電池につないだ物のようすに着目し、電気を通すときと通さないときのつなぎ方をくらべながら調べる活動を通して、次のことを身につけましょう。

**ア**　次のことがわかるとともに、観察、実験などについての力を身につけましょう。

（ア）電気を通すつなぎ方と通さないつなぎ方があることがわかること。

（イ）電気を通す物と通さない物があることがわかること。

**イ**　かん電池と豆電球などのつなぎ方と、かん電池につないだ物のようすについて調べる中で、ちがう点や同じ点をもとに、電気の通り道（回路）についての問題を見つけて、表現すること。

電気の通り道のことを回路といいます。回路がとぎれていると、明かりはつかないよ。

**B 生命・地球**

（1）身の回りの生物

　　身の回りの生物について、さがしたり育てたりしながら、そ

126

れらのようすや、まわりの環境、成長していくようすや体のつくりに着目し、それらをくらべながら調べる活動を通して、次のことを身につけましょう。

**ア** 次のことがわかるとともに、観察、実験などについてのやり方を身につけましょう。

(ア) 生物は、色、形、大きさなど、姿にちがいがあること。また、まわりの環境と関わって生きていることがわかること。

(イ) こん虫の育ち方には一定の順序があること。また、成虫の体は頭、胸、腹からできていることがわかること。

(ウ) 植物の育ち方には一定の順序があること。また、植物の体は根、くき、葉からできていることがわかること。

**イ** 身の回りの生物のようすについて調べる中で、ちがう点や同じ点をもとに、身の回りの生物と環境との関わり、こん虫や植物の成長のきまりや体のつくりについての問題を見つけて、表現すること。

(2) 太陽と地面のようす

太陽と地面のようすとの関係について、日なたと日かげのようすに着目し、それらをくらべながら調べる活動を通して、次のことを身につけましょう。

**ア** 次のことがわかるとともに、観察、実験などについてのやり方を身につけましょう。

(ア) 日かげは太陽の光を通さないとでき、日かげの場所は太陽の動きによって変わることがわかること。

(イ) 地面は太陽によって暖められ、日なたと日かげでは地面の

暖かさやしめり気にちがいがあることがわかること。

イ　日なたと日かげのようすについて調べる中で、ちがう点や同じ点をもとに、太陽と地面のようすとの関係についての問題を見つけて、表現すること。

## 〔4年生〕

### 1. 目標

（1）物質・エネルギー

① 空気や水、金属の性質、電流のはたらきについて知り、観察や実験などのやり方を身につけましょう。

② 空気や水、金属の性質、電流のはたらきについて調べていく中で、学習した内容やふだんの生活の中での経験をもとに、理由を示して予想したり仮説を立てたりする力を身につけましょう。

③ 空気や水、金属の性質、電流のはたらきについて調べていく中で、自分から問題を解決しようとしましょう。

（2）生命・地球

① 人の体のつくりと運動、動物の活動や植物の成長と環境との関わり、雨水のゆくえと地面のようす、天気と気温、月や星について知り、観察や実験などのやり方を身につけましょう。

② 人の体のつくりと運動、動物の活動や植物の成長と環境との関わり、雨水のゆくえと地面のようす、天気と気温、月や星について知り、学習した内容やふだんの生活の中での経験を

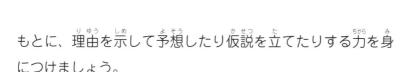

もとに、理由を示して予想したり仮説を立てたりする力を身につけましょう。

③ 人の体のつくりと運動、動物の活動や植物の成長と環境との関わり、雨水のゆくえと地面のようす、天気と気温、月や星について調べていく中で、生き物を大切にして守ろうとしたり、自分から問題を解決しようとしたりしましょう。

## 2. 学ぶ内容

### A 物質・エネルギー

### （1）空気と水の性質

空気と水の性質について、体積やおし返す力の変化に着目して、それらとおす力とを関係づけて調べる活動を通して、次のことを身につけましょう。

**ア** 次のことがわかるとともに、観察、実験などについてのやり方を身につけましょう。

（ア）とじこめた空気をおすと、体積は小さくなるが、おし返す力は大きくなることがわかること。

（イ）とじこめた空気はおし縮められるが、水はおし縮められないことがわかること。

**イ** 空気と水の性質について調べる中で、これまでに学習した内容や生活の中での経験をもとに、空気と水の体積やおし返す力の変化とおす力との関係について、理由を示して予想したり仮説を立てたりして、表現すること。

（2）金属、水、空気と温度

　金属、水、空気の性質について、体積やようすの変化、熱の伝わり方に着目して、それらと温度の変化とを関係づけて調べる活動を通して、次のことを身につけましょう。

**ア**　次のことがわかるとともに、観察、実験などについてのやり方を身につけましょう。

（ア）金属、水、空気は、温めたり冷やしたりすると、それらの体積が変わるが、その大きさにはちがいがあることがわかること。

（イ）金属は熱せられた部分から順番に温まるが、水や空気は熱せられた部分が動いて全体が温まることがわかること。

（ウ）水は、温度によって水蒸気や氷に変わること。また、水が氷になると体積がふえることがわかること。

> 水蒸気のように、目に見えないものを気体、水のように、目に見えてつかめないものを液体、氷のように、かたまりでつかめるものを固体というんだよ。

**イ**　金属、水、空気の性質について調べる中で、これまでに学習した内容や生活の中での経験をもとに、金属、水、空気の温度を変化させたときの体積やようすの変化、熱の伝わり方について、理由を示して予想したり仮説を立てたりして、表現すること。

（３）電流のはたらき

　　電流のはたらきについて、電流の大きさや向きとかん電池につないだ物のようすに着目して、それらを関係づけて調べる活動を通して、次のことを身につけましょう。

　ア　次のことがわかるとともに、観察、実験などについての力を身につけましょう。

　（ア）かん電池の数やつなぎ方を変えると、電流の大きさや向きが変わり、豆電球の明るさやモーターの回り方が変わることがわかること。

　イ　電流のはたらきについて調べる中で、これまでに学習した内容や生活の中での経験をもとに、電流の大きさや向きとかん電池につないだ物のようすとの関係について、理由を示して予想したり仮説を立てたりして、表現すること。

## B　生命・地球

（１）人の体のつくりと運動

　　人やほかの動物について、骨や筋肉のつくりとはたらきに着目して、それらを関係づけて調べる活動を通して、次のことを身につけましょう。

　ア　次のことがわかるとともに、観察、実験などについての力を身につけましょう。

　（ア）人の体には骨と筋肉があることがわかること。

　（イ）人が体を動かすことができるのは、骨、筋肉のはたらきによることがわかること。

イ　人やほかの動物について調べる中で、これまでに学習した内容や生活の中での経験をもとに、人やほかの動物の骨や筋肉のつくりとはたらきについて、理由を示して予想したり仮説を立てたりして、表現すること。

（2）季節と生物

　　身近な動物や植物について、探したり育てたりする中で、動物の活動や植物の成長と季節の変化に着目して、それらを関係づけて調べる活動を通して、次のことを身につけましょう。

ア　次のことがわかるとともに、観察、実験などについての力を身につけましょう。

（ア）動物の活動は、暖かい季節、寒い季節などによってちがいがあることがわかること。

（イ）植物の成長は、暖かい季節、寒い季節などによってちがいがあることがわかること。

イ　身近な動物や植物について調べる中で、これまでに学習した内容や生活の中での経験をもとに、季節ごとの動物の活動や植物の成長の変化について、理由を示して予想したり仮説を立てたりして、表現すること。

（3）雨水のゆくえと地面のようす

　　雨水のゆくえと地面のようすについて、流れ方やしみこみ方に着目して、それらと地面のかたむきや土のつぶの大きさとを関係づけて調べる活動を通して、次のことを身につけましょう。

ア　次のことがわかるとともに、観察、実験などについての力を身につけましょう。

（ア）水は、高い場所から低い場所へと流れて集まることがわかること。

（イ）水のしみこみ方は、土のつぶの大きさによってちがいがあることがわかること。

イ　雨水のゆくえと地面のようすについて調べる中で、これまでに学習した内容や生活の中での経験をもとに、雨水の流れ方やしみこみ方と地面のかたむきや土のつぶの大きさとの関係について、理由を示して予想したり仮説を立てたりして、表現すること。

（４）天気のようす

天気や自然界の水のようすについて、気温や水のゆくえに着目して、それらと天気のようすや水の姿の変化とを関係づけて調べる活動を通して、次のことを身につけましょう。

ア　次のことがわかるとともに、観察、実験などについての力を身につけましょう。

（ア）天気によって１日の気温の変化のし方にちがいがあることがわかること。

（イ）水は、水面や地面などから蒸発し、水蒸気になって空気中にふくまれていくこと。また、空気中の水蒸気は、結ろして、ふたたび水になって現れることがあることがわかること。

イ　天気や自然界の水のようすについて調べる中で、これまでに学習した内容や生活の中での経験をもとに、天気のようすや水の姿の変化と気温や水のゆくえとの関係について、理由を示して予想したり仮説を立てたりして、表現すること。

# 4

（5）月と星

　　月や星の特ちょうについて、位置の変化や時間のうつり変わりに着目して、それらを関係づけて調べる活動を通して、次のことを身につけましょう。

　**ア**　次のことがわかるとともに、観察、実験などについての力を身につけましょう。

（ア）月は日によって形が変わって見え、１日のうちでも時刻によって位置が変わることがわかること。

（イ）空には、明るさや色のちがう星があることがわかること。

星は明るい順に、１等星、２等星、
３等星と分けられているんだよ。

（ウ）星の集まりは、１日のうちでも時刻によって並び方は変わらないが、位置が変わることがわかること。

　**イ**　月や星の特ちょうについて調べる中で、これまでに学習した内容や生活の中での経験をもとに、月や星の位置の変化と時間のうつり変わりとの関係について、理由を示して予想したり仮説を立てたりして、表現すること。

〔５年生〕

## 1. 目標

（1）物質・エネルギー

① 物のとけ方、ふりこのきまり、電流がつくる電磁石について知り、観察や実験などのやり方を身につけましょう。

② 物のとけ方、ふりこのきまり、電流がつくる電磁石について調べていく中で、おもに予想や仮説をもとに、問題の解決の方法を計画する力を身につけましょう。

③ 物のとけ方、ふりこのきまり、電流がつくる電磁石について調べていく中で、自分から問題を解決しようとしましょう。

（2）生命・地球

① 植物の育ち方、人やほかの動物の誕生や成長という生命のつながり、流れる水のはたらきと土地の変化、天気の変化のし方について知り、観察や実験などのやり方を身につけましょう。

② 植物の育ち方、人やほかの動物の誕生や成長という生命のつながり、流れる水のはたらきと土地の変化、天気の変化のし方について調べていく中で、おもに予想や仮説をもとに、問題の解決の方法を計画する力を身につけましょう。

③ 植物の育ち方、人やほかの動物の誕生や成長という生命のつながり、流れる水のはたらきと土地の変化、天気の変化のし方について調べていく中で、生命を大切にし、自分から問題を解決しようとしましょう。

4
理科

135

4

## 2. 学ぶ内容

### A 物質・エネルギー

（1）物のとけ方

　　物のとけ方について、とける量やようすに着目して、水の温度や量などの条件を調節しながら調べる活動を通して、次のことを身につけましょう。

　ア　次のことを理解するとともに、観察、実験などに関する技能を身につけましょう。

（ア）物が水にとけても、水と物とを合わせた重さは変わらないことがわかること。

（イ）物が水にとける量には、限度があることがわかること。

> 物が水にとけた液のことを、水よう液というんだよ。

（ウ）物が水にとける量は水の温度や量、とける物によってちがうこと。また、この性質を利用して、とけている物を取り出すことができることがわかること。

　イ　物のとけ方について追究する中で、物のとけ方の規則性についての予想や仮説をもとに、解決の方法を発想して、表現すること。

（2）ふりこの運動

　　ふりこの運動の規則性について、ふりこが1往復する時間に着目して、おもりの重さやふりこの長さなどの条件を整えなが

ら調べる活動を通して、次のことを身につけましょう。

ア　次のことを理解するとともに、観察、実験などに関する技能を身につけましょう。

（ア）ふりこが１往復する時間は、おもりの重さなどによっては変わらないが、ふりこの長さによって変わることがわかること。

イ　ふりこの運動の規則性について追究する中で、ふりこが１往復する時間に関係する条件についての予想や仮説をもとに、解決の方法を発想して、表現すること。

（3）電流がつくる電磁石

電流がつくる電磁石について、電流の大きさや向き、コイルのまき数などに着目して、それらの条件を整えながら調べる活動を通して、次のことを身につけましょう。

ア　次のことを理解するとともに、観察、実験などに関する技能を身につけましょう。

（ア）電流の流れているコイルは、鉄心が鉄を引きつけるはたらきがあり、電流の向きが変わると、電磁石の極も変わることがわかること。

（イ）電磁石の強さは、電流の大きさや導線のまき数によって変わることがわかること。

イ　電流がつくる電磁石について追究する中で、電流がつくる電磁石の強さに関係する条件についての予想や仮説をもとに、解決の方法を発想して、表現すること。

**B 生命・地球**

（1）植物の発芽、成長、結実

　植物の育ち方について、発芽、成長および結実のようすに着目して、それらに関わる条件を整えながら調べる活動を通して、次のことを身につけましょう。

**ア**　次のことを理解するとともに、観察、実験などに関する技能を身につけましょう。

（ア）植物は、種子の中の養分をもとにして発芽することがわかること。

> 種子の子葉にふくまれているでんぷんが養分として使われるんだよ。

（イ）植物の発芽には、水、空気および温度が関係していることがわかること。

（ウ）植物の成長には、日光や肥料などが関係していることがわかること。

（エ）花にはおしべやめしべなどがあり、花粉がめしべの先につくとめしべのもとが実になり、実の中に種子ができることがわかること。

**イ**　植物の育ち方について追究する中で、植物の発芽、成長および結実とそれらに関わる条件についての予想や仮説をもとに、解決の方法を発想して、表現すること。

138

（2）動物の誕生

　　動物の誕生や成長について、魚を育てたり人の誕生について
の資料を活用したりする中で、卵や母体内の子ども（胎児）の
ようすに着目して、時間の経過と関係づけて調べる活動を通し
て、次のことを身につけましょう。

　ア　次のことを理解するとともに、観察、実験などに関する技
　能を身につけましょう。

　（ア）魚にはメスとオスがあり、生まれた卵は日がたつにつれて
　　中のようすが変化してかえることがわかること。

　（イ）人は、母体内で成長して生まれることがわかること。

　イ　動物の発生や成長について追究する中で、動物の発生や成
　長のようすと経過についての予想や仮説をもとに、解決の方
　法を発想して、表現すること。

（3）流れる水のはたらきと土地の変化

　　流れる水のはたらきと土地の変化について、水の速さや量に
着目して、それらの条件を整えながら調べる活動を通して、次
のことを身につけましょう。

　ア　次のことを理解するとともに、観察、実験などに関する技
　能を身につけましょう。

　（ア）流れる水には、土地をしん食したり、石や土などを運ぱん
　　したり、たい積させたりするはたらきがあることことがわか
　　ること。

　（イ）川の上流と下流によって、川原の石の大きさや形にちがい
　　があることがわかること。

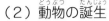

4
理
科

（ウ）雨のふり方によって、流れる水の速さや量は変わり、増水により土地のようすが大きく変化する場合があることがわかること。

イ　流れる水のはたらきについて追究する中で、流れる水のはたらきと土地の変化との関係についての予想や仮説をもとに、解決の方法を発想して、表現すること。

（4）天気の変化

天気の変化のし方について、雲のようすを観測したり、映像などの気象情報を活用したりする中で、雲の量や動きに着目して、それらと天気の変化とを関係づけて調べる活動を通して、次のことを身につけましょう。

ア　次のことを理解するとともに、観察、実験などに関する技能を身につけましょう。

（ア）天気の変化は、雲の量や動きと関係があることがわかること。

（イ）天気の変化は、映像などの気象情報を用いて予想できること。

イ　天気の変化のし方について追究する中で、天気の変化のし方と雲の量や動きとの関係についての予想や仮説をもとに、解決の方法を発想して、表現すること。

> 雲はできる高さと形によって１０種類に分けられているよ。

140

## 〔6年生〕

### 1. 目標

（1）物質・エネルギー

① 物の燃えるしくみ、水よう液の性質とはたらき、てこのはたらきとしくみ、電気の性質やはたらきについて知り、観察や実験などの技能を身につけましょう。

② 物の燃えるしくみ、水よう液の性質とはたらき、てこのはたらきとしくみ、電気の性質やはたらきについて調べていく中で、それらのしくみや性質、きまりやはたらきについて、より適切な考えをつくりだす力を身につけましょう。

③ 物の燃えるしくみ、水よう液の性質とはたらき、てこのはたらきとしくみ、電気の性質やはたらきについて調べていく中で、自分から問題を解決しようとしましょう。

（2）生命・地球

① 人やほかの動物、植物の体のつくりとはたらき、人やほかの動物、植物と環境との関わり、土地のつくりと変化、月の形の見え方と太陽との位置関係について知り、観察や実験などの技能を身につけましょう。

② 人やほかの動物、植物の体のつくりとはたらき、人やほかの動物、植物と環境との関わり、土地のつくりと変化、月の形の見え方と太陽との位置関係について調べていく中で、それらのはたらきや関わり、変化や関係について、より適切な考えをつくりだす力を身につけましょう。

4
理科

③ 人やほかの動物、植物の体のつくりとはたらき、人やほかの動物、植物と環境との関わり、土地のつくりと変化、月の形の見え方と太陽との位置関係について追究する中で、生命を大切にし、自分から問題を解決しようとしましょう。

## 2. 学ぶ内容

## A 物質・エネルギー

### （1）燃焼のしくみ

物が燃えるしくみについて、空気の変化に着目して、物の燃え方をいろいろな方法で調べる活動を通して、次のことを身につけましょう。

ア　次のことを理解するとともに、観察、実験などに関する技能を身につけましょう。

（ア）ろうそくや木切れなどが燃えるときには、空気中の酸素が使われて二酸化炭素ができることがわかること。

イ　燃焼のしくみについて追究する中で、物が燃えたときの空気の変化について、より適切な考えをつくりだし、表現すること。

物が燃えるための条件は、「燃える物」「温度」「酸素」の３つだよ。

（2）水<sub>すい</sub>よう液<sub>えき</sub>の性質<sub>せいしつ</sub>

　　水<sub>すい</sub>よう液<sub>えき</sub>について、とけている物<sub>もの</sub>に着目<sub>ちゃくもく</sub>して、それらによる
水<sub>すい</sub>よう液<sub>えき</sub>の性質<sub>せいしつ</sub>やはたらきのちがいをいろいろな方法<sub>ほうほう</sub>で調<sub>しら</sub>べる
活動<sub>かつどう</sub>を通<sub>とお</sub>して、次<sub>つぎ</sub>のことを身<sub>み</sub>につけましょう。

　ア　次<sub>つぎ</sub>のことを理解<sub>りかい</sub>するとともに、観察<sub>かんさつ</sub>、実験<sub>じっけん</sub>などに関<sub>かん</sub>する技<sub>ぎ</sub>
　　能<sub>のう</sub>を身<sub>み</sub>につけましょう。

　（ア）水<sub>すい</sub>よう液<sub>えき</sub>には、酸性<sub>さんせい</sub>、アルカリ性<sub>せい</sub>および中性<sub>ちゅうせい</sub>のものがある
　　ことがわかること。

　（イ）水<sub>すい</sub>よう液<sub>えき</sub>には、気体<sub>きたい</sub>がとけているものがあることがわかる
　　こと。

　（ウ）水<sub>すい</sub>よう液<sub>えき</sub>には、金属<sub>きんぞく</sub>を変化<sub>へんか</sub>させるものがあることがわかる
　　こと。

　イ　水<sub>すい</sub>よう液<sub>えき</sub>の性質<sub>せいしつ</sub>やはたらきについて追究<sub>ついきゅう</sub>する中<sub>なか</sub>で、とけて
　　いるものによる性質<sub>せいしつ</sub>やはたらきのちがいについて、より適切<sub>てきせつ</sub>
　　な考<sub>かんが</sub>えをつくりだし、表現<sub>ひょうげん</sub>すること。

（3）てこの規則性<sub>きそくせい</sub>

　　てこの規則性<sub>きそくせい</sub>について、力<sub>ちから</sub>を加<sub>くわ</sub>える位置<sub>いち</sub>や力<sub>ちから</sub>の大<sub>おお</sub>きさに着目<sub>ちゃくもく</sub>
して、てこのはたらきをいろいろな方法<sub>ほうほう</sub>で調<sub>しら</sub>べる活動<sub>かつどう</sub>を通<sub>とお</sub>して、
次<sub>つぎ</sub>のことを身<sub>み</sub>につけましょう。

　ア　次<sub>つぎ</sub>のことを理解<sub>りかい</sub>するとともに、観察<sub>かんさつ</sub>、実験<sub>じっけん</sub>などに関<sub>かん</sub>する技<sub>ぎ</sub>
　　能<sub>のう</sub>を身<sub>み</sub>につけましょう。

　（ア）力<sub>ちから</sub>を加<sub>くわ</sub>える位置<sub>いち</sub>や力<sub>ちから</sub>の大<sub>おお</sub>きさを変<sub>か</sub>えると、てこをかたむけ
　　るはたらきが変<sub>か</sub>わり、てこがつり合<sub>あ</sub>うときにはそれらの間<sub>あいだ</sub>に
　　規則性<sub>きそくせい</sub>があることがわかること。

（イ）身の回りには、てこの規則性を利用した道具があることが
わかること。

イ　てこの規則性について追究する中で、力を加える位置や力
の大きさとてこのはたらきとの関係について、より適切な考
えをつくりだし、表現すること。

（4）電気の利用

発電やちく電、電気を別のものに変えることについて、電気
の量やはたらきに着目して、それらをいろいろな方法で調べる
活動を通して、次のことを身につけましょう。

ア　次のことを理解するとともに、観察、実験などに関する技
能を身につけましょう。

（ア）電気は、つくりだしたり、たくわえたりすることができる
ことがわかること。

（イ）電気は、光、音、熱、運動などに変えて利用することがで
きることがわかること。

（ウ）身の回りには、電気の性質やはたらきを利用した道具があ
ることがわかること。

イ　電気の性質やはたらきについて追究する中で、電気の量と
はたらきとの関係、発電やちく電、電気を別のものに変える
ことについて、より適切な考えをつくりだし、表現すること。

## B 生命・地球

（1）人の体のつくりとはたらき

人やほかの動物について、体のつくりと呼吸、消化、はい出

およびじゅん環のはたらきに着目して、生命を保つはたらきを多面的に調べる活動を通して、次のことを身につけましょう。

ア　次のことを理解するとともに、観察、実験などに関する技能を身につけましょう。

(ア) 体内に酸素が取り入れられ、体外に二酸化炭素などが出されていることがわかること。

(イ) 食べ物は、口、胃、腸などを通る間に消化、吸収され、吸収されなかった物ははい出されることがわかること。

(ウ) 血液は、心臓のはたらきで体内をめぐり、養分、酸素および二酸化炭素などを運んでいることがわかること。

(エ) 体内には、生命活動を保つためのさまざまな臓器があることがわかること。

イ　人やほかの動物の体のつくりとはたらきについて追究する中で、体のつくりと呼吸、消化、はい出およびじゅん環のはたらきについて、より適切な考えをつくりだし、表現すること。

(2) 植物の養分と水の通り道

　植物について、その体のつくり、体内の水などのゆくえおよび葉で養分をつくるはたらきに着目して、生命を保つはたらきをいろいろな方法で調べる活動を通して、次のことを身につけましょう。

ア　次のことを理解するとともに、観察、実験などに関する技能を身につけましょう。

(ア) 植物の葉に日光が当たるとでんぷんができることがわかること。

（イ）根、くき、葉には、水の通り道があり、根から吸い上げられた水はおもに葉から蒸散によりはい出されることがわかること。

イ　植物の体のつくりとはたらきについて追究する中で、体のつくり、体内の水などのゆくえおよび葉で養分をつくるはたらきについて、より適切な考えをつくりだし、表現すること。

（3）生物と環境

生物と環境について、動物や植物の生活を観察したり資料を活用したりする中で、生物と環境との関わりに着目して、それらをいろいろな方法で調べる活動を通して、次のことを身につけましょう。

ア　次のことを理解するとともに、観察、実験などに関する技能を身につけましょう。

（ア）生物は、水および空気を通して周囲の環境と関わって生きていることがわかること。

（イ）生物の間には、食べる食べられるという関係があることがわかること。

> 生物どうしが「食べる」「食べられる」の関係でつながっていることを、食物連鎖というんだよ。

（ウ）人は、環境と関わり、くふうして生活していることがわかること。

イ　生物と環境について追究する中で、生物と環境との関わりについて、より適切な考えをつくりだし、表現すること。

（4）土地のつくりと変化

　　土地のつくりと変化について、土地やその中にふくまれる物に着目して、土地のつくりやでき方をいろいろな方法で調べる活動を通して、次のことを身につけましょう。

ア　次のことを理解するとともに、観察、実験などに関する技能を身につけましょう。

（ア）土地は、れき、砂、どろ、火山灰などからできており、層をつくって広がっているものがあること。また、層には化石がふくまれているものがあることがわかること。

（イ）地層は、流れる水のはたらきや火山のふん火によってできることがわかること。

（ウ）土地は、火山のふん火や地震によって変化することがわかること。

地層がずれているところを断層というよ。このように断層がずれると地震がおきるんだよ。

イ　土地のつくりと変化について追究する中で、土地のつくりやでき方について、より適切な考えをつくりだし、表現すること。

（5）月と太陽

　月の形の見え方について、月と太陽の位置に着目して、それらの位置関係をいろいろな方法で調べる活動を通して、次のことを身につけましょう。

**ア**　次のことを理解するとともに、観察、実験などに関する技能を身につけましょう。

（ア）月のかがやいている側に太陽があること。また、月の形の見え方は、太陽と月との位置関係によって変わることがわかること。

**イ**　月の形の見え方について追究する中で、月の位置や形と太陽の位置との関係について、より適切な考えをつくりだし、表現すること。

# 5

せい かつ
生活

## 1. 生活を学ぶ目標

見たり、聞いたり、ふれたりする学習活動の中で、自分の回りの人々や社会、自然などを、自分との関わりでとらえ、毎日の生活が楽しくなったり夢がふくらんだりするよりよい生活に向けて、自分の思いや考えなどを言葉や絵などで伝え合える力を身につけましょう。

（1）学習活動の中で、自分自身や回りの人々、社会、自然などの特ちょうやよさ、それらの関わりなどについて知りましょう。

規則正しく生活したり、安全に過ごしたりするなどの習慣や、必要な道具を使って遊んだり、ものを作ったりできる力を身につけましょう。

（2）回りの人々や社会、自然を自分との関わりでとらえ、自分自身や自分の生活について考え、言葉や絵などで伝え合うことができるようになりましょう。

（3）回りの人々や社会、自然に関わり、自分から進んで学んだり、生活を豊かにしたりしましょう。

## 2. それぞれの学年の目標と学ぶ内容

〔1年生・2年生〕

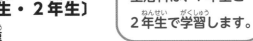

生活科は、1年生と2年生で学習します。

1. 目標

（1）学校や家、地域の生活に関わる中で、自分と身近な人々、社会、自然との関わりについて考え、それらのよさやすばらし

150

さ、自分との関わりを知りましょう。

　地域をだいじにしたいという願いをもって自然を大切にしたり、学校や家、地域の一人として、安全でよりよい行動をしたりできるようになりましょう。

（２）身近な人々や社会、自然とふれあったり関わったりする中で、それらをくふうしたり楽しんだりすることのよさや大切さを知り、自分たちの遊びや生活をよりよくすることができるようになりましょう。

（３）自分でできるようになったことや自分の体の成長、身近な人々にささえられていることなどについて知り、自分のよさを大切にし、いろいろなことができるようになることへの願いをもって、生活できるようになりましょう。

## ２．学ぶ内容

　次のことを、勉強しましょう。

### 〈学校や家、あなたの家の近くのこと〉

（１）学校の生活についての勉強をしましょう。

・学校にあるものやそのようす、学校での生活を助けてくれる人々や友達、通学する道のようすやそこの安全を守っている人々などについて考えることができること。

・学校の生活がたくさんの人やものとつながっていることがわかること。

・楽しく安心して遊んだり、生活したり、安全に学校に行ったり帰ったりしようとすること。

（２）家での生活についての勉強をしましょう。

・家の家族のことや自分でできることなどについて考えることが
　できること。

・家での生活は、家族みんなで助け合っていることがわかること。

・自分から進んで手伝いをしたり、規則正しく健康に気をつけて
　生活したりしようとすることができること。

（３）店やスーパーマーケットに買いものに行くことや、図書館
　へ本を借りに行くことなどを通して勉強しましょう。

・地域の場所やそこで生活したり働いたりしている人々について
　考えることができること。

・自分たちの生活がたくさんの人や場所とつながっていることが
　わかること。

・地域の人々や場所に親しみやすきな気持ちをもち、礼ぎ正しく
　あいさつしたり安全に生活したりしようとすることができるこ
　と。

〈身近な人々と、社会や自然とふれ合うことについて勉強すること〉

（４）みんなで使うものや、みんなで使う場所に行くことを通し
　て勉強しましょう。

・それらのよさを感じたり、どうして必要なのかがわかったりす
　ることができること。

・身の回りにはみんなで使うものがあることや、そこで働いてい
　る人々がいることなどがわかること。

・みんなのものやみんなの場所を大切にし、安全に気をつけて正

しく使おうとすること。

（5）身の回りの自然にふれ合ったり、季節や地域のお祭りなどに行ったりすることを通して、勉強しましょう。

・身の回りの自然や行事のちがいやおもしろさに気づくことができること。

・自然のようすや季節が変わることによって、生活のようすも変わることに気づくこと。

・気づいたことを取り入れて自分の生活を楽しくしようとすることができること。

（6）身の回りの自然を生かしたり、身の回りにあるものを使ったりするなどして遊ぶことを通して、勉強しましょう。

・遊びや遊びに使うものをくふうしてつくることができること。

・そのおもしろさや自然の不思議さに気づくことができること。

・みんなと楽しみながら遊びをつくり出そうとすること。

（7）生きものを飼ったり植物を育てたりすることを通して、勉強しましょう。

・それらの育つ場所や、変化や成長のようすに興味をもってふれ合うことができること。

・それらは生命をもっていることや成長していることに気づくことができること。

・生きものへの親しみをもち、大切にしようとすることができること。

（8）自分たちの生活や地域の出来事を身近な人々と話し合うことを通して、勉強しましょう。

・相手のことを思ったり、言いたいことや言い方を選んだりすることができること。

・身近な人々とふれ合うことのよさや楽しさがわかること。

・進んでふれ合い交流しようとすることができること。

**〈自分自身の生活や成長について勉強すること〉**

（9）自分自身の生活や成長について考えることを通して、勉強しましょう。

・自分のことや助けてくれた人々について考えることができること。

・自分が大きくなったこと、自分でできるようになったこと、まかされることが多くなったことなどがわかること。

・これまでの生活や成長を助けてくれた人々にありがとうの気持ちをもち、これからの成長への願いをもって、いっしょうけんめい生活しようとすること。

いろいろなことができるようになろうね。

# ６

おん　　がく
# 音楽

## 1. 音楽を学ぶ目標

　歌を歌ったり、楽器を演奏したり、音楽をつくったり、聴いたりする活動を通して、音楽的な見方や考え方をはたらかせ、生活や社会の中の音や音楽と豊かに関わる力を身につけましょう。

（1）曲のもつ感じと音楽のつくられ方などとの関わりについて知りましょう。

　　表したい音楽表現をするために必要なし方（歌を歌ったり楽器を演奏したり、音楽をつくったりするし方）を身につけましょう。

（2）音楽表現をくふうすることや、音楽を味わって聴くことができるようになりましょう。

（3）音楽活動の楽しさを体験することを通して、音楽を好きになり生活の中で生かそうとしたり、音や音楽の美しさを感じ取ろうとしたりして、自分から進んで音楽に親しむようになりましょう。

## 2. それぞれの学年の目標と学ぶ内容

### 〔1年生・2年生〕

#### 1.目標

（1）曲のもつ感じと音楽のつくられ方などとの関わりについて知りましょう。

　　音楽表現を楽しむために必要な歌い方、楽器の演奏のし方、音楽づくりのし方を身につけましょう。

（２）音楽表現を考えて、曲に合わせた表現を考えたり、曲や演奏の楽しさを見つけながら、音楽を味わって聴いたりすることができるようになりましょう。

（３）楽しく音楽に関わり、友達といっしょに音楽活動をする楽しさを感じながら、身の回りのさまざまな音楽に親しみましょう。

歌を歌ったり楽器を演奏したりする経験を生かして、生活を明るく楽しいものにしようとしましょう。

> クラスのみんなと心を合わせて
> 歌ったり、演奏したりしようね。

## 2. 学ぶ内容

### A 表現（歌を歌う、楽器を演奏する、音楽をつくる）

（１）歌を歌って、次のことができるようになりましょう。

　ア　歌を歌うために知っておくことや、歌う方法を知ったり、やってみたりしながら、歌のもつ感じを感じとって、どのように歌うかを考えることができること。

　イ　歌のもつ感じと音楽のつくられ方のつながりや、曲のふん囲気とその歌がいいたいこととのつながりに気づくことができること。

　ウ　自分が思ったとおりに歌を歌うために必要な、次の(ア)から(ウ)までの歌い方を身につけること。

　（ア）先生が歌うのを聴いて歌ってみたり、「ドレミ」でまねして歌ったり、おぼえたりするし方

（イ）自分の歌う声や発音に気をつけて歌うし方

（ウ）友達の歌う声や楽器の音を聴いて、声を合わせて歌うし方

---

◆みんなが共通して歌う学習をすることになっている歌

**（1年生）**

「うみ」（文部省唱歌）林柳波作詞　井上武士作曲

「かたつむり」（文部省唱歌）

「日のまる」（文部省唱歌）高野辰之作詞　岡野貞一作曲

「ひらいたひらいた」（わらべうた）

**（2年生）**

「かくれんぼ」（文部省唱歌）林柳波作詞　下総皖一作曲*

「春がきた」（文部省唱歌）高野辰之作詞　岡野貞一作曲

「虫のこえ」（文部省唱歌）

「夕やけこやけ」中村雨紅作詞　草川信作曲

＊「しもおさ」とも読みます。

---

（2）楽器の演奏をして、次のことができるようになりましょう。

ア　楽器を演奏するために知っておくことや、楽器を演奏する方法をおぼえたり、使ったりしながら、曲のもつ感じを感じて、どのように演奏するか考えることができること。

イ　次の（ア）と（イ）に気がつくこと。

（ア）曲のもつ感じと、音楽のつくられ方とのつながり

（イ）楽器の音と演奏のし方とのつながり

ウ　自分が思ったとおりに演奏するために必要な、次の（ア）から（ウ）までの演奏のし方を身につけること。

（ア）先生の演奏を聴いたり、リズムがかいてある楽ふなどを見たりして演奏するし方

（イ）音に気をつけて、けんばんハーモニカやカスタネットなどを演奏するし方

（ウ）友達の楽器の音やばん奏を聴いて、音を合わせて演奏するし方

（3）音楽づくりをしながら、次のことができるようになりましょう。

ア　音楽づくりについてわかったり、音楽づくりのやり方を使ったりしながら、次の（ア）と（イ）ができるようになること。

（ア）音遊びをして、いろいろな音楽づくりを思いつくこと。

（イ）どのように音を音楽にしていくかを考えること。

イ　次の（ア）と（イ）について、それらがつくり出すおもしろさなどとつなげて気づくこと。

（ア）声や身の回りのいろいろな音の特ちょう

（イ）音や音楽のつなげ方の特ちょう

ウ　思いついたことの表現や、思いに合った表現をするために必要な、次の（ア）と（イ）の音楽づくりのし方を身につけること。

（ア）決めたことを使って、すぐに音を選んだりつなげたりして表現するし方

（イ）音楽のしくみを使って、簡単な音楽をつくるし方

**B 鑑賞（音楽を聴くこと）**

（1）音楽を聴いて、次のことができるようになりましょう。

ア 音楽を聴くことについて、いろいろなことを知ったり、それを使ったりしながら、曲や演奏を楽しみ、曲全体を味わって聴くこと。

イ 曲のもつ感じと音楽のつくられ方とのつながりに気づくこと。

**〈AとBに共通すること〉**

（1）「A 表現（歌を歌う、楽器を演奏する、音楽をつくる）」と「B 鑑賞（音楽を聴くこと）」を勉強して、次のことができるようになりましょう。

ア 音楽をつくっているものを聴き取り、それらのはたらきがつくり出すよさやおもしろさ、美しさを感じ取りながら、聴き取ったことと感じ取ったこととのつながりについて考えることができること。

イ 音楽をつくっているものと、そこに出てくる身近な音ぷ、休ふ、記号や用語について、音楽の中でのはたらきとつなげて考えることができること。

**〔3年生・4年生〕**

**1. 目標**

（1）曲のもつ感じと音楽のつくられ方などとの関わりについて

知りましょう。

　表したい音楽表現をするために必要な歌い方、楽器の演奏のし方、音楽づくりのし方を身につけましょう。

（2）音楽表現を考えて、曲に合わせた表現にするための思いや考えをもつことや、曲や演奏のよさなどを見つけながら音楽を味わって聴くことができるようになりましょう。

（3）進んで音楽に関わり、友達といっしょに音楽活動をする楽しさを感じながら、さまざまな音楽に親しみましょう。

　歌を歌ったり楽器を演奏したりする経験を生かして、生活を明るく楽しいものにしようとしましょう。

## 2. 学ぶ内容

### A 表現

（1）歌を歌うことを通して、次のことを学びましょう。

　**ア**　歌を歌って表現することについての知識や歌い方を身につけたり生かしたりしながら、曲の特ちょうをとらえた表現をくふうし、どのように歌うかについて思いや考えをもつことができること。

　**イ**　曲のもつ感じと音楽の組み立てられ方や歌詞の内容との関係について気づくこと。

　**ウ**　思いや考えに合った表現をするために必要な次の（ア）から（ウ）までのし方を身につけること。

（ア）お手本を聴いたり、ハ長調の楽ふを見たりして歌うし方

（イ）呼吸や発音のし方に気をつけて、自然で無理のない歌い方

161

で歌うし方

（ウ）おたがいの歌声や主せん律ではない別のせん律、ばん奏を
　　聴いて、声を合わせて歌うし方

---

◆みんなが共通して歌う学習をすることになっている歌
**（3年生）**

「うさぎ」（日本古謡）

「茶つみ」（文部省唱歌）

「春の小川」（文部省唱歌）高野辰之作詞　岡野貞一作曲

「ふじ山」（文部省唱歌）巌谷小波作詞

**（4年生）**

「さくらさくら」（日本古謡）

「とんび」葛原しげる作詞　梁田貞作曲

「まきばの朝」（文部省唱歌）船橋栄吉作曲

「もみじ」（文部省唱歌）高野辰之作詞　岡野貞一作曲

---

（2）楽器の演奏を通して、次のことを学びましょう。

ア　楽器を使った表現についての知識や演奏のし方を身につけ
　　たり生かしたりしながら、曲の特ちょうをとらえた表現をく
　　ふうし、どのように演奏するかについて思いや考えをもつこ
　　と。

イ　次の（ア）と（イ）について気づくこと。

（ア）曲のもつ感じと音楽の組み立てられ方との関係

（イ）楽器の音色やひびきと、演奏のしかたとの関係

ウ　思いや意図に合った表現をするために必要な次の（ア）から
　　（ウ）までのし方を身につけること。
（ア）お手本の演奏を聴いたり、ハ長調の楽ふを見たりして演奏
　　するし方
（イ）音色やひびきに気をつけて、リコーダーなどの楽器や打楽
　　器を演奏するし方
（ウ）おたがいの楽器の音や主せん律ではない別のせん律、ばん
　　奏を聴いて、音を合わせて演奏するし方

> 合奏では、パートの音を聴き合いながら
> 気持ちを合わせて演奏するんだよ。

（3）音楽づくりの活動を通して、次のことを学びましょう。
　　ア　音楽づくりについての知識やし方を身につけたり生かした
　　　りしながら、次の（ア）と（イ）をできるようにすること。
（ア）発見した音を使って表現することを通して、音楽づくりの
　　発想をつかむこと。
（イ）音を音楽へと組み立てていくことを通して、まとまりに気
　　をつけた音楽をどのようにつくるかについて思いや考えをも
　　つこと。
　　イ　次の（ア）と（イ）について、それらが生み出すよさやおもし
　　　ろさなどと関係づけて気づくこと。
（ア）いろいろな音のひびきやそれらの組み合わせの特ちょう
（イ）音やフレーズのつなげ方や重ね方の特ちょう

ウ　発想を生かした表現や、思いや考えに合った表現をするために必要な次の（ア）と（イ）のし方を身につけること。

（ア）約束事にもとづいて、発見した音を選んだり組み合わせたりして表現するし方

（イ）音楽のしくみを使って、音楽をつくるし方


## B 鑑賞（音楽を聴くこと）

（1）音楽を聴く活動を通して、次のことを学びましょう。

ア　音楽を聴くことについての知識を身につけたり生かしたりしながら、曲や演奏のよさなどを見つけ、曲全体を味わって聴くこと。

イ　曲のもつ感じとその変化、音楽の組み立てられ方との関係について気づくこと。


## 〈AとBに共通すること〉

（1）「A 表現」と「B 観賞（音楽を聴くこと）」の学習を通して、次のことを学びましょう。

ア　音楽を形づくっているものを聴き取り、それらのはたらきが生み出すよさやおもしろさ、美しさを感じ取りながら、聴き取ったことと感じ取ったこととの関係について考えること。

イ　音楽を形づくっているものとそれらに関わる音ぷ、休ふ、記号や用語について、音楽の中でのはたらきと関係づけてわかること。

## 〔5年生・6年生〕
## 1. 目標
（1）曲のもつ感じと音楽のつくられ方などとの関わりについて知りましょう。

　表したい音楽表現をするために必要な歌い方、楽器の演奏のし方、音楽づくりの技能を身につけましょう。

（2）音楽表現を考えて、曲に合わせた表現にするための思いや考えをもつことや、曲や演奏のよさなどを見つけながら音楽を味わって聴くことができるようになりましょう。

（3）自分から進んで音楽に関わり、友達といっしょに音楽活動をする楽しさを味わいながら、さまざまな音楽に親しみましょう。

　歌を歌ったり楽器を演奏したりする経験を生かして、生活を明るく豊かなものにしようとしましょう。

## 2. 学ぶ内容
### A 表現
（1）歌を歌うことを通して、次のことを学びましょう。

　ア　歌を歌って表現することについての知識や技能を身につけたり生かしたりしながら、曲の特ちょうに合った表現をくふうし、どのように歌うかについて思いや考えをもつこと。

　イ　曲のもつ感じと音楽の組み立てられ方や歌詞の内容との関係について理解すること。

　ウ　思いや考えに合った表現をするために必要な次の（ア）から

6

音楽

165

（ウ）までの技能を身につけること。

（ア）お手本を聴いたり、ハ長調やイ短調の楽ふを見たりして歌う技能

（イ）呼吸や発音のし方に気をつけて、自然で無理のない歌い方で歌う技能

（ウ）おたがいの歌声や全体のひびき、ばん奏を聴いて、声を合わせて歌う技能

◆みんなが共通して歌う学習をすることになっている歌

**（5年生）**

「こいのぼり」（文部省唱歌）

「子もり歌」（日本古謡）

「スキーの歌」（文部省唱歌）林柳波作詞　橋本国彦作曲

「冬げしき」（文部省唱歌）

**（6年生）**

「越天楽今様（歌詞は第2節まで）」（日本古謡）慈鎮和尚作歌

「おぼろ月夜」（文部省唱歌）高野辰之作詞　岡野貞一作曲

「ふるさと」（文部省唱歌）高野辰之作詞　岡野貞一作曲

「われは海の子（歌詞は第3節まで）」（文部省唱歌）

（2）楽器の演奏を通して、次のことを学びましょう。

ア　楽器演奏による表現についての知識や技能を身につけたり生かしたりしながら、曲の特ちょうに合った表現をくふうし、どのように演奏するかについて思いや考えをもつこと。

イ　次の（ア）と（イ）について理解できること。

（ア）曲のもつ感じと音楽の組み立てられ方との関係

（イ）いろいろな楽器の音色やひびきと、演奏のし方との関係

ウ　思いや意図に合った表現をするために必要な次の（ア）から（ウ）までの技能を身につけること。

（ア）お手本の演奏を聴いたり、ハ長調やイ短調の楽ふを見たりして演奏する技能

（イ）音色やひびきに気をつけて、リコーダーなどの楽器や打楽器を演奏する技能

（ウ）おたがいの楽器の音や全体のひびき、ばん奏を聴いて、音を合わせて演奏する技能

（3）音楽づくりの活動を通して、次のことを学びましょう。

ア　音楽づくりについての知識や技能を身につけたり生かしたりしながら、次の（ア）と（イ）をできるようにすること。

（ア）そっ興的に表現することを通して、音楽づくりの発想をつかむこと。

（イ）音を音楽へと構成することを通して、どのように全体のまとまりを意識した音楽をつくるかについて思いや考えをもつこと。

イ　次の（ア）と（イ）について、それらが生み出すよさやおもしろさなどと関係づけて理解すること。

（ア）いろいろな音のひびきやそれらの組み合わせの特ちょう

（イ）音やフレーズのつなげ方や重ね方の特ちょう

ウ　発想を生かした表現や、思いや意図に合った表現をするた

めに必要な次の（ア）と（イ）の技能を身につけること。

（ア）設定した条件にもとづいて、そっ興的に音を選んだり組み合わせたりして表現する技能

（イ）音楽のしくみを使って、音楽をつくる技能


## B 鑑賞（音楽を聴くこと）

（1）鑑賞の活動を通して、次のことを学びましょう。

ア　鑑賞についての知識を身につけたり生かしたりしながら、曲や演奏のよさなどを見つけ、曲全体を味わって聴くこと。

イ　曲から感じるものやその変化と、音楽の構造との関係について気づくこと。

> オーケストラの鑑賞では、いろいろな楽器の音色が重なって生まれるひびきを味わいながら聴こうね。

## 〈AとBに共通すること〉

（1）「A 表現」と「B 鑑賞（音楽を聴くこと）」の学習を通して、次のことを学びましょう。

ア　音楽を形づくっている要素を聴き取り、それらのはたらきが生み出すよさやおもしろさ、美しさを感じ取りながら、聴き取ったことと感じ取ったこととの関係について考えること。

イ　音楽を形づくっている要素とそれらに関係する音ぷ、休ふ、記号や用語について、音楽におけるはたらきと関係づけて理解すること。

168

ず　が　こう　さく

# ⑦図画工作

## 1. 図画工作を学ぶ目標

　絵をかいたりものをつくったり、絵やものを見たり楽しんだりする活動を通して、絵やものなどをつくり出す見方や考え方をはたらかせ、生活や社会の中の形や色などと豊かに関わる力を身につけましょう。

（1）ものごとを感じとったり考えたりするときにはたらかせる形や色などの感じや特ちょうのとらえ方について、自分が見たりさわったりすることを通して知りましょう。
　　　材料や用具を使い、表し方などをくふうして、新しいものをつくり出したり表したりすることができるようになりましょう。

（2）形や色などのもつよさや美しさ、自分が表したいことやその表し方などについて考え、新しいものをつくり出すことを思いついたり、作品などに対する自分の見方や感じ方を深めたりすることができるようになりましょう。

（3）絵をかいたり、ものをつくりだしたりする喜びを感じるとともに、ものごとを感じ取り、楽しく豊かな生活を進んでつくり出そうとしましょう。

## 2. それぞれの学年の目標と学ぶ内容

### 〔1年生・2年生〕

### 1.目標

（1）ものごとを感じとったり考えたりするときにはたらかせる形や色などの感じや特ちょうのとらえ方について、自分が見た

りさわったりすることを通して知りましょう。

　自分の手や体全体で気持ちなどをはたらかせ、材料や用具を使い、表し方などをくふうして、新しいものをつくり出したり表したりすることができるようになりましょう。

（２）形や色などのもつおもしろさや楽しさ、表したいこと、表し方などについて考え、楽しみながら新しいものをつくり出すことを思いついたり、自分の回りにある作品などから自分の見方や感じ方を広げたりすることができるようになりましょう。

（３）楽しく表したり、絵やものを見たり楽しんだりして、絵をかいたりものをつくりだす喜びを感じるとともに、形や色などに関わり、生活を楽しいものにしようとしましょう。

## ２．学ぶ内容
### A　表現（ものをつくることを通して遊ぶ、絵をかく、工作する）

（１）ものをつくることを通して遊んだり、絵をかいたり工作したりしながら、思いつきや、どのようにかいたりつくったりするかについて、次のことを学びましょう。

　ア　ものをつくることを通して遊びながら、身の回りのものや材料の形や色などを使って、つくるものを思いつくことや、感じたことや気もちを牛かしながら、どのように活動したらよいかについて考えられること。

　イ　絵をかいたり工作したりしながら、感じたこと、思ったことから、つくりたいことを見つけたり、すきな形や色を選んだり、いろいろな形や色を考えたりしながら、どのように表

したらよいかについて考えられること。

> いろいろな形や色があることに気づき、使うことができるようになろうね。

（2）ものをつくることを通して遊んだり、絵をかいたり工作したりしながら、どのようにかいたりつくったりするかについて、次のことを学びましょう。

　ア　ものをつくることを通して遊びながら、身の回りの使いやすい材料や用具を自分の思いに合わせて使って、並べたり、つないだり、積んだりするなど手や体全体で感じたことを生かしながら、くふうしてものをつくる遊びをすること。

　イ　絵をかいたり工作したりしながら、身の回りの使いやすい材料や用具を自分の思いに合わせて使って、手や体全体で感じたことを生かしながら、やりたいことをくふうしてできるようにすること。


## B　鑑賞（作品を味わう）

（1）絵やものを見たり楽しんだりしながら、次のことを学びましょう。

　ア　身の回りの作品などを見て、自分たちの作品や身の回りの材料などの形のおもしろさや楽しさ、自分がやってみたいこと、表し方などを感じたり考えたりして、自分の見方や感じ方を広げること。

172

〈AとBに共通すること〉

（1）「A 表現（ものをつくることを通して遊ぶ、絵をかく、工作する）」と「B 鑑賞（作品を味わう）」について、次のことを学びましょう。

　ア　自分が感じたことや、つくったりかいたりすることをしながら、形や色などに気づくこと。

　イ　形や色などをもとに、自分のイメージをもつこと。


〔３年生・４年生〕

## 1. 目標

（1）ものごとを感じとったり考えたりするときにはたらかせる形や色などの感じや特ちょうのとらえ方について、自分が見たりさわったりすることを通して知りましょう。

　　自分の手や体全体で感じ取ったことを十分にはたらかせながら材料や用具を使い、表し方などをくふうして、新しいものをつくり出したり表したりすることができるようになりましょう。

（2）形や色などのおもしろさや楽しさ、表したいこと、表し方などについて考え、新しいものをつくり出すことを豊かに思いついたり、自分たちの作品や美術作品などから自分の見方や感じ方を広げたりすることができるようになりましょう。

（3）自分から進んで絵をかいたりものをつくったり、作品を見たり楽しんだりして、絵やものをつくり出す喜びを感じるとともに、形や色などに関わり、生活を楽しく豊かにしようとしましょう。

173

## ２.学ぶ内容

### A 表現

（１）表現する活動を通して、思いつきやどのようにつくるかについて、次のことを学びましょう。

　ア　ものをつくることを通して遊ぶなかで、身の回りの材料や場所などをもとにつくることを思いついたり、新しい形や色などを思いつきながら、どのようにつくるかを考えたりすること。

　イ　絵をかいたり工作したりする活動を通して、感じたこと、想像したこと、見たことから、表現したいことを見つけることや、表現したいことや使い方などを考えて形や色、材料などを生かしつつ、どのように表現したらよいかを考えること。

（２）表現する活動を通して、技能について次のことを学びましょう。

　ア　ものをつくることを通して遊ぶなかで、材料や用具を正しくあつかうとともに、２年生までの材料や用具についての体験を生かし、組み合わせたり、切ってつないだり、形を変えたりするなどして、自分の手や体全体で感じ取ったことを十分にはたらかせながら、活動をくふうしてつくること。

　イ　絵をかいたり工作したりする活動を通して、材料や用具を正しくあつかうとともに、２年生までの材料や用具についての体験を生かし、手や体全体を十分にはたらかせて、表現したいことに合わせた表し方をくふうし、表現すること。

## B 鑑賞（作品を味わう）

（1）作品を見たり楽しんだりする活動を通して、次のことを学
　　びましょう。

　ア　身近にある作品などを見たり楽しんだりする活動を通して、
　　自分たちの作品や身近な美術作品などの形や色のよさや美し
　　さ、つくっていくようすなどのおもしろさ、表したいこと、
　　いろいろな表し方などについて、感じ取ったり考えたりしな
　　がら、自分の見方や感じ方を広げること。

> 地域にある美術館や展覧会などに行っ
> て、作品を見て楽しもうね。

### 〈AとBに共通すること〉

（1）「A　表現」と「B　鑑賞（作品を味わう）」の学習を通して、
　　次のことを学びましょう。

　ア　自分の感じ方や活動を通して、形や色などの感じがわかる
　　こと。

　イ　形や色などの感じをもとに、自分のイメージをもつこと。


## 〔5年生・6年生〕

### 1.目標

（1）ものごとを感じとったり考えたりするときにはたらかせる

形や色などの感じや特ちょうのとらえ方について、自分が見たりさわったりすることを通して、筋道や理由を知りましょう。

材料や用具を使いこなし、表し方などをくふうして、新しいものをつくり出したり表したりすることができるようになりましょう。

（2）形や色などのおもしろさや楽しさ、表したいこと、表し方などについて考え、感じとったことや想像力をはたらかせながら新しいものをつくり出すことを思いついたり、自分たちの作品やさまざまな美術作品などから自分の見方や感じ方を広げたりすることができるようになりましょう。

（3）自分から進んで友達と関わりながら、絵をかいたりものをつくったり、作品を見たり楽しんだりして、絵やものをつくりだす喜びを感じるとともに、形や色などに関わり、生活を楽しく豊かにしようとしましょう。

## 2.学ぶ内容

### A 表現

（1）表現する活動を通して、発想や構想について、次のことを学びましょう。

　ア　ものをつくることを通して遊んで、材料や場所、空間などの特ちょうをもとに、つくる活動を思いついたり、構成したり、まわりのようすを考え合わせたりしながら、どのように活動するかを考えること。

　イ　絵や立体、工作などで表現する活動を通して、感じたこと、

想像したこと、見たこと、伝え合いたいことから、表現したいことを見つけたり、形や色、材料の特ちょう、構成の美しさなどの感じ、使い方などを考えながら、どのように作品のテーマを表現するかを考えること。

（２）表現する活動を通して、技能に関する次のことを学びましょう。

ア　ものをつくることを通して遊んで、活動に応じた材料や用具を活用するとともに、４年生までに使った材料や用具についての体験や技能を総合的に生かしたり、方法などを組み合わせたりするなどして、活動をくふうしてつくること。

イ　絵や立体、工作などで表現する活動を通して、表現方法に合った材料や用具を活用するとともに、４年生までの材料や用具などについての経験や技能を総合的に生かしたり、表現にふさわしい方法などを組み合わせたりするなどして、表したいことに合わせてくふうして表すこと。

B　鑑賞（作品を味わう）

（１）作品を味わう活動を通して、次のことを学びましょう。

ア　親しみのある作品などを味わう活動を通して、自分たちの作品や、日本やさまざまな外国の親しみのある美術作品、生活の中の製品などのよさや美しさ、表現の意図や特ちょう、表現方法の変化などについて感じ取ったり考えたりして、自分の見方や感じ方を深めること。

インターネットを使うと、遠くにある美術館の作品を鑑賞したり、作品について調べたりすることができるよ。

〈AとBに共通すること〉

（1）「A　表現」と「B　鑑賞（作品を味わう）」の学習を通して、次のことを学びましょう。

ア　自分の感覚や活動を通して、形や色など作品をかたちづくる特ちょうがわかること。

イ　形や色などの作品をかたちづくる特ちょうをもとに、自分のイメージをもつこと。

# ⑧

<ruby>家<rt>か</rt></ruby><ruby>庭<rt>てい</rt></ruby>

## 1. 家庭を学ぶ目標

　毎日の生活に関わる見方や考え方をはたらかせ、衣食住などについて、調理、製作、観察、調査、実験などの活動を通して、生活をよりよくしようとくふうする力を身につけましょう。

（1）家族や家庭、衣食住、消費や環境などについて、ふだんの生活に必要な基礎的なことを知り、それらに関わる技能を身につけましょう。

（2）ふだんの生活の中から問題を見いだして課題を設定し、さまざまな解決方法を考え、行ったことをふり返り、よりよくしようと考えたことを表現するなど、課題を解決する力を身につけましょう。

（3）家庭生活を大切にする気持ちをもち、家族や地域の人々との関わりを考え、家族の一員として、生活をよりよくしようとくふうしましょう。

## 2. それぞれの学年の学ぶ内容

### 〔5年生・6年生〕

#### A 家族・家庭生活

　次の(1)から(4)までのことについて、課題をもって、家族や地域の人々と協力し、よりよい家庭生活に向けて考え、くふうする活動を通して学びましょう。

（1）自分の成長と家族・家庭生活

　ア　自分がどれだけ成長しているかを感じながら、家庭生活と

180

家族の大切さ、さらに、家庭生活が家族みんなの協力によって営まれていることを知ること。

（２）家庭生活と仕事

　ア　家庭には、家庭生活を支える仕事があるので、家族みんなで協力し分担する必要があることや、生活時間をじょうずに使うことの大切さについてわかること。

　イ　家庭での仕事の計画を考えてくふうすること。

（３）家族や地域の人々との関わり

　ア　次のような知識を身につけること。

（ア）家族とのふれ合いや団らんの大切さがわかること。

（イ）家庭生活は地域の人々との支え合いで成り立っていることを知り、地域の人々との協力が大切であることがわかること。

　イ　家族や地域の人びととのよりよい関係づくりについて考えてくふうすることができること。

（４）家族・家庭生活についての課題と実行

　ア　ふだんの生活の中から問題を見つけて課題をもち、よりよい生活を考え、計画を立てて実行すること。


## B 衣食住の生活

　次の(1)から(6)までのことについて、課題をもって、健康・快適・安全で豊かな食生活や、衣生活、住生活について考えてくふうする活動を通して学びましょう。

（１）食事の役割

　ア　食事の役割がわかり、毎日の食事の大切さと食事のとり方

についてわかること。

イ　楽しく食べるために毎日の食事のとり方を考えてくふうすること。

（２）調理の基礎

ア　次のような知識と技能を身につけること。

（ア）調理に必要な材料やその分量、調理する順番がわかり、準備から片づけまでの調理計画について理解すること。

（イ）調理に必要な用具や食器の安全で衛生的なあつかい方や、加熱用調理器具（ガスコンロ、ＩＨクッキングヒーターなど）の安全なあつかい方がわかり、適切に取りあつかうこと。

（ウ）材料に応じた洗い方、調理に適した切り方、味のつけ方、盛りつけ、完成した料理やはしなどの食器の置き方、後片づけのやり方がわかり、それに合わせてできること。

（エ）材料に合ったゆで方、いため方がわかり、それに合わせてできること。

（オ）日本の伝統的なふだんの食べものである米飯やみそ汁の調理方法がわかり、それに合わせてできること。

イ　おいしく食べるために、準備から後片づけまでの調理計画を考え、調理のし方をくふうすること。

（３）栄養を考えた食事

ア　次のような知識を身につけること。

（ア）体に必要な栄養素の種類と主なはたらきがわかること。

（イ）食品にふくまれる栄養の特ちょうがわかり、料理や食品を組み合わせてとる必要があることがわかること。

（ウ）こん立を作るときの要素（主食・主菜・副菜）がわかり、
1食分のこん立となることについてわかること。

イ　1食分のこん立の栄養のバランスを考えてくふうすること。

炭水化物、脂質、たんぱく質、無機質、
ビタミンを五大栄養素と言うんだよ。

（4）衣服の着用と手入れ

ア　次のような知識や技能を身につけること。

（ア）衣服の主なはたらきがわかり、季節や状況に合った衣服の
選び方や快適な着方がわかること。

（イ）衣服の手入れが必要であることや、ボタンのつけ方や洗た
くのし方がわかり、適切にできること。

イ　衣服の快適な着方や手入れのし方を考えてくふうすること。

（5）生活を豊かにするための布を使った製作

ア　次のような知識や技能を身につけること。

（ア）製作に必要な材料や手順がわかり、製作する物や使い方に
応じた製作計画の立て方がわかること。

（イ）手ぬいやミシンぬいなど目的に応じたぬい方や用具の安全
な使い方がわかり、適切に取りあつかうこと。

イ　生活を豊かにするために布を使った物の製作計画を考え、
くふうして製作すること。

（6）快適な住まい方

ア　次のような知識や技能を身につけること。

8
家庭

183

（ア）住まいの主なはたらきがわかり、季節の変化に合わせた生活の大切さや住まい方がわかること。

（イ）住まいの整理・整とんやそうじのし方がわかり、適切にできること。

イ　季節の変化に合わせた住まい方、整理・整とんやそうじのし方を考え、快適な住まい方をくふうすること。

## C 消費生活・環境

　次の(1)と(2)のことについて、課題をもって、持続可能な社会をつくるために、身近な消費生活と環境を考えて、くふうする活動を通して学びましょう。

（1）物やお金の使い方と買い物

ア　次のような知識や技能を身につけること。

（ア）買い物のしくみや消費者の役割がわかり、物やお金の大切さと計画的な使い方がわかること。

（イ）身近な物の選び方や買い方を知り、買い物をするために必要な情報を集めたり、情報の整理が適切にできること。

イ　買い物に必要な情報を活用し、身近な物の選び方や買い方を考え、くふうして買い物をすること。

（2）環境を大切にする生活

ア　自分の生活と身近な環境との関わりや、環境を大切にする物の使い方などがわかること。

イ　環境を大切にする生活をするために、物の使い方などを考え、くふうすること。

# ⑨

たい　　　　いく
# 体育

## 1. 体育を学ぶ目標

体育や保健の見方や考え方をはたらかせ、課題を見つけ、その解決に向けた学習を通して、心と体をひとつのものとしてとらえ、生がいにわたって心とからだの健康をより良くしながら、いつも運動やスポーツを楽しむ生活をするための力を身につけましょう。

（1）さまざまな運動の特ちょうに合った運動の行い方と身近な生活の中での健康・安全について知りましょう。

運動の基本的な動きや技能を身につけましょう。

（2）運動や健康についての自分の課題を見つけ、その解決に向けて考えたり、よりよい方法を選んだりするとともに、それらを言葉や動作でまわりの人へ伝える力を身につけましょう。

（3）運動に親しむとともに、心身の健康を保ち体力の向上をめざし、楽しく明るい生活をすごそうとしましょう。

## 2. それぞれの学年の目標と学ぶ内容

### 〔1年生・2年生〕

#### 1. 目標

（1）いろいろな運動遊びの楽しさにふれながら、用具の使い方やきまりなどの運動遊びの行い方を知りましょう。

基本的な動きを身につけましょう。

（2）いろいろな運動遊びの行い方をくふうするとともに、考えたことを友達や先生方へ伝える力を身につけましょう。

（3）いろいろな運動遊びに進んで取り組み、きまりを守り、だ

れとでも仲よく運動をしたり、健康や安全に気をつけたりしな
がら、進んで運動を楽しみましょう。

## 2. 学ぶ内容

### A 体つくりの運動遊び

体つくりの運動遊びについて、次のことを学びましょう。

（1）次の運動遊びの楽しさにふれ、その行い方を知るとともに、
体を動かす気もちよさを味わったり、基本的な動きを身につけ
たりすること。

　ア　体ほぐしの運動遊びでは、簡単な運動遊びをして、心と体
　　のようすに気づいたり、みんなでいっしょにやったりするこ
　　と。

　イ　いろいろな動きをつくる運動遊びでは、体のバランスをと
　　る動き、体を移動する動き、用具を使う動き、力だめしの動
　　きをすること。

（2）体をほぐしたり、いろいろな動きをつくったりする遊び方
をくふうするとともに、考えたことを友達に伝えること。

（3）運動遊びに進んで取り組み、きまりを守ってだれとでもな
かよく運動をしたり、まわりの安全に気をつけたりすること。

### B 器械・器具を使っての運動遊び

ジャングルジムやマットや鉄棒、とび箱などを使った運動遊び
をして、次のことを学びましょう。

（1）次の運動遊びの楽しさにふれ、その行い方を知るとともに、

その動きを身につけましょう。

ア　ジャングルジムや雲梯などを使った運動遊びでは、登り下りやぶら下がっての移動、わたり歩きやとび下りをすること。

イ　マットを使った運動遊びでは、いろいろな方向へころがったり、手で体を支えたり、回転したりすること。

ウ　鉄棒を使った運動遊びでは、鉄棒につかまってゆれたり、上がって下りたり、ぶら下がりや簡単な回転をすること。

エ　とび箱を使った運動遊びでは、とび乗りやとび下り、手を着いてのまたぎ乗りやまたぎ下りをすること。

（2）ジャングルジムやマットや鉄棒、とび箱などを使った簡単な遊び方をくふうして、考えたことを友達に伝えること。

（3）運動遊びに進んでとり組み、順番やきまりを守って、だれとでも仲よく運動をしたり、運動する場所や器械・器具の安全に気をつけたりすること。

## C 走る・とぶの運動遊び

走る・とぶの運動遊びについて、次のことを学びましょう。

（1）次の運動遊びの楽しさにふれ、その行い方を知るとともに、その動きを身につけましょう。

ア　走る運動遊びでは、いろいろな方向に走ったり、低い障害物を走って越えたりすること。

イ　とぶ運動遊びでは、前や上にとんだり、続けてとんだりすること。

（2）走ったりとんだりする簡単な遊び方をくふうして、考えた

ことを友達に伝えること。

（3）走る・とぶの運動遊びに進んで取り組み、順番やきまりを
守って、だれとでも仲よく運動をしたり、勝ち・負けを受け入
れたり、運動する場所や用具の安全に気をつけたりすること。

## D 水遊び

水遊びについて、次のことを学びましょう。

（1）次の運動遊びの楽しさにふれ、その行い方を知るとともに、
その動きを身につけましょう。

ア 水の中を移動する運動遊びでは、水につかって歩いたり
走ったりすること。

イ 水にもぐったりういたりする運動遊びでは、息を止めたり
はいたりしながら、水にもぐったりういたりすること。

（2）水の中を移動したり、もぐったりういたりする簡単な遊び
方をくふうして、考えたことを友達に伝えること。

（3）水の運動遊びに進んで取り組み、順番やきまりを守り、だ
れとでも仲よく運動をしたり、水遊びのきまりを守って安全に
気をつけたりすること。

> 水遊びを楽しみ、水に慣れて不安な気
> 持ちをなくそうね。

## E ゲーム

ゲームについて、次のことを学びましょう。

（1）次の運動遊びの楽しさにふれ、その行い方を知るとともに、

やさしいゲームをすること。

ア　ボールゲームでは、「投げる」「取る」「ける」など簡単なボール操作と攻めや守りの動きによって、やさしいゲームをすること。

イ　おに遊びでは、きまったはんいで、にげる、追いかける、じん地をとり合うなどをすること。

（2）簡単なルールをくふうしたり、攻め方を選んだりするとともに、考えたことを友達に伝えること。

（3）ゲームに進んで取り組み、ルールを守って、だれとでも仲よく運動をしたり、勝ち・負けを受け入れたり、運動する場所や用具の安全に気をつけたりすること。


## Ｆ　表現リズム遊び

表現リズム遊びについて、次のことを学びましょう。

（1）次の表現リズム遊びの楽しさにふれ、その行い方を知るとともに、動物や乗り物などの題材になりきったり、リズムに乗ったりしておどること。

ア　表現遊びでは、身のまわりの動物や乗り物などの特ちょうをつかみ、体全体でおどること。

イ　リズム遊びでは、楽しいリズムに乗っておどること。

（2）身のまわりの動物や乗り物などの題材の特ちょうをつかんでおどったり、楽しいリズムに乗っておどったりする簡単なおどり方をくふうするとともに、考えたことを友達に伝えること。

（3）表現リズム遊びに進んで取り組み、だれとでも仲よくおどっ

たり、まわりの安全に気をつけたりすること。

## 1.目標

（1）いろいろな運動の楽しさや喜びにふれながら、用具の使い方やきまりなどの運動の行い方を知るとともに、健康で安全な生活や体の成長について知りましょう。

基本的な動きや技能を身につけましょう。

（2）自分が取り組んでいる運動や身近な生活における健康の課題を見つけ、その解決のための方法や活動をくふうするとともに、考えたことを友達や先生へ伝えることができる力を身につけましょう。

（3）いろいろな運動に進んで取り組み、きまりを守り、だれとでも仲よく運動をしたり、友達の考えを認めたり、運動する場所や用具の安全に気をつけたりして、最後まで努力して運動をしましょう。

健康の大切さを知り、自分の体を健康にしようと進んで取り組みましょう。

## 2.学ぶ内容

### A 体つくり運動

体つくり運動について、次のことを学びましょう。

9
体育

191

（1）次の運動の楽しさや喜びにふれ、その行い方を知るとともに、体を動かす気持ちよさを味わったり、基本的な動きを身につけること。

ア　体ほぐしの運動では、手軽な運動をして心と体の変化に気づいたり、みんなで関わり合ったりすること。

イ　いろいろな動きをつくる運動では、体のバランスをとる動き、体を移動させる動き、用具を使ってする動き、力だめしの動きをし、また、それらを組み合わせてすること。

（2）自分の課題を見つけ、それを解決するための活動をくふうするとともに、考えたことを友達に伝えること。

（3）体つくり運動に進んで取り組み、きまりを守って、だれとでも仲よく運動をし、友達の考えを受け入れたり、運動する場所や用具の安全に気をつけたりすること。


## B 器械運動

器械運動について、次のことを学びましょう。

（1）次の運動の楽しさや喜びにふれ、その行い方を知るとともに、その技を身につけること。

ア　マット運動では、前転や壁倒立などの基本的な技をすること。

イ　鉄ぼう運動では、前回り下りなどの基本的な技をすること。

ウ　とび箱運動では、開脚とびや台上前転などの基本的な技をすること。

（2）自分の能力に合った課題を見つけ、技ができるようになる

ための活動をくふうするとともに、考えたことを友達に伝えること。

（３）器械運動に進んで取り組み、きまりを守って、だれとでも仲よく運動をしたり、友達の考えを認めたり、運動する場所や器械・器具の安全に気をつけたりすること。

### C 走る・とぶ運動

走る・とぶ運動について、次のことを学びましょう。

（１）次の運動の楽しさや喜びにふれ、その行い方を知るとともに、その動きを身につけること。

**ア** かけっこ・リレーでは、調子よく走ったりバトンの受けわたしをしたりすること。

**イ** 小型ハードル走では、小型ハードルを自分に合ったリズムで走りこえること。

**ウ** 幅とびでは、５～７歩くらいの短い助走からふみ切ってとぶことができること。

**エ** 高とびでは、３～５歩くらいの短い助走からふみ切ってとぶことができること。

（２）自分の能力に合った課題を見つけ、動きを身につけるための活動や競争のし方をくふうするとともに、考えたことを友達に伝えること。

（３）走る・とぶ運動に進んで取り組み、きまりを守って、だれとでも仲よく運動をしたり、勝敗を受け入れたり、友達の考えを認めたり、運動する場所や用具の安全に気をつけたりすること。

**9**

**体育**

## D 水泳運動

水泳運動について、次のことを学びましょう。

（1）次の運動の楽しさや喜びにふれ、その行い方を知るとともに、その動きを身につけること。

　ア　ういて進む運動では、けのびや、呼吸しながらのばた足泳ぎ、かえる足泳ぎをすること。

　イ　もぐる・うく運動では、息を止めたりはいたりしながら、いろいろなもぐり方やうき方をすること。

（2）自分の力に合った課題を見つけ、水の中での動きを身につけるための活動をくふうするとともに、考えたことを友達に伝えること。

（3）運動に進んで取り組み、きまりを守って、だれとでも仲よく運動をしたり、友達の考えをみとめたり、水泳運動をするときに注意しなければならないことを守って安全に気をつけたりすること。


## E ゲーム

ゲームについて、次のことを学びましょう。

（1）次の運動の楽しさや喜びにふれ、その行い方を知るとともに、みんなが取り組みやすいようにした簡単なゲームをすること。

　ア　ゴール型ゲームでは、基本的なボール操作とボールを持たないときの動きによって、簡単なゲームをすること。

　イ　ネット型ゲームでは、基本的なボール操作とボールを操作できる位置に体を移動する動きによって、簡単なゲームをすること。

ウ　ベースボール型ゲームでは、ける、打つ、とる、投げるな
　　どのボール操作と得点を取ったり防いだりする動きによって、
　　簡単なゲームをすること。
（2）規則をくふうしたり、ゲームの型に合った簡単な作戦を選
　　んだりするとともに、考えたことを友達に伝えること。
（3）運動に進んで取り組み、規則を守って、だれとでも仲よく
　　運動をしたり、勝敗を受け入れたり、友達の考えを認めたり、
　　運動する場所や用具の安全に気をつけたりすること。

## F　表現運動
　表現運動について、次のことを学びましょう。
（1）次の運動の楽しさや喜びにふれ、その行い方を知るとともに、
　　表したい感じを表現したりリズムに乗ったりしておどること。
　ア　表現では、身近な生活などの題材からその特ちょうをとら
　　え、表したい感じを始まりから終わりまでめりはりのある続
　　いた動きでおどること。
　イ　リズムダンスでは、テンポのよいリズムに乗って全身でお
　　どること。
（2）自分の能力に合った課題を見つけ、題材やリズムの特ちょ
　　うをとらえたおどり方や交流のし方をくふうするとともに、考
　　えたことを友達に伝えること。
（3）運動に進んで取り組み、だれとでも仲よくおどったり、友
　　達の動きや考えを認めたり、運動する場所の安全に気をつけた
　　りすること。

9
体育

G 保健

（１）健康な生活について、課題を見つけ、その解決をめざした活動を通して、次のことを学びましょう。

ア　健康な生活についてわかること。

（ア）心や体の調子がよいなどの健康のようすは、自分自身の理由やまわりの環境によるものが関係していること。

（イ）毎日を健康にすごすには、運動、食事、休養、すいみんのバランスのとれた生活を続けること、また、体を清けつにすることなどが必要であること。

（ウ）毎日を健康にすごすには、部屋の明るさの調節、空気の入れかえなどの生活環境を整えることなどが必要であること。

イ　健康な生活について課題を見つけ、その解決に向けて考え、考えたことをまとめたり友達に伝えたりすること。

（２）体の発育・発達について、課題を見つけ、その解決をめざした活動を通して、次のことを学びましょう。

ア　体の発育・発達についてわかること。

（ア）体は、年れいにともなって変化すること。また、体の発育・発達には、人によって差があること。

（イ）体は、思春期になるとしだいに大人の体に近づき、体つきが変わったり、初経、精通などが起こったりすること、また、異性への関心が芽生えること。

（ウ）体をよりよく発育・発達させるには、自分に合った運動、食事、休養、睡眠が必要であること。

イ　体がよりよく発育・発達するために、課題を見つけ、その

解決に向けて考え、考えたことをまとめたり友達に伝えたりすること。

3年生から6年生まで保健の勉強をします。心身の健康、体の発育・発達、病気の予防について学びます。

〔5年生・6年生〕
1. 目標

（1）いろいろな運動の楽しさや喜びを深く感じ取り、運動の行い方や、心の健康やけがの防止、病気の予防について知りましょう。

それぞれの運動の特ちょうに合った基本的な技能と、健康で安全な生活のための技能を身につけましょう。

（2）自分自身やグループの運動の課題や身近な健康に関わる課題を見つけ、その解決のための方法や活動をくふうするとともに、自分や仲間の考えたことをほかの友達や先生方へ伝えることができる力を身につけましょう。

（3）いろいろな運動に積極的に取り組み、約束を守り助け合って運動をしたり、仲間の考えや取り組みを認めたり、運動する場所や用具の安全に気をつけたりし、自分のできるかぎりの努力をして運動をしましょう。

健康や安全の大切さに気づき、自分の健康について関心を

もって、健康な体をつくることと病気の予防などに進んで取り組みましょう。

## 2. 学習する内容

### A 体つくり運動

体つくり運動について、次のことを学びましょう。

（1）次の運動の楽しさや喜びを深く感じ取り、その行い方を理解するとともに、体を動かす心地よさを味わったり、体の動きを高めたりすること。

　ア　体ほぐしの運動では、手軽な運動を行い、心と体との関係に気づいたり、仲間と関わり合ったりすること。

　イ　体の動きを高める運動では、ねらいに応じて、体のやわらかさ、たくみな動き、力強い動き、動きを持続する能力を高めるための運動をすること。

（2）自分の体の状態や体力に応じて、運動の行い方をくふうするとともに、自分や仲間の考えたことをほかの友達や先生方に伝えること。

（3）体つくり運動に積極的に取り組み、約束を守り、助け合って運動をしたり、仲間の考えや取り組みを認めたり、運動する場所や用具の安全に気をつけたりすること。

### B 器械運動

器械運動について、次のことを学びましょう。

（1）次の運動の楽しさや喜びを深く感じ取り、その行い方を理

解するとともに、その技を身につけること。

ア　マット運動では、前転・後転・首はね起きなどや、壁倒立
や頭倒立などの基本的な技を安定して行ったり、その発展技
を行ったり、それらをくり返したり組み合わせたりすること。

イ　鉄棒運動では、かかえこみ前回りや補助逆上がりなどの基
本的な技を安定して行ったり、その発展技を行ったり、それ
らをくり返したり組み合わせたりすること。

ウ　とび箱運動では、開脚とびや台上前転・首はねとびなどの
基本的な技を安定して行ったり、その発展技を行ったりする
こと。

（２）自分の力に合った課題の解決のし方や技の組み合わせ方を
くふうするとともに、自分や仲間の考えたことをほかの友達や
先生方などに伝えること。

（３）器械運動に積極的に取り組み、約束を守り、助け合って運
動をしたり、仲間の考えや取り組みを認めたり、運動する場所
や器械・器具の安全に気をつけたりすること。

## C　陸上運動

陸上運動について、次のことを学びましょう。

（１）次の運動の楽しさや喜びを深く感じ取り、その行い方を理
解するとともに、その技能を身につけること。

ア　短きょり走・リレーでは、一定のきょりを全力で走ったり、
なめらかなバトンの受け渡しをしたりすること。

イ　ハードル走では、ハードルをリズミカルに走り越えること。

**ウ** 走りはばとびでは、7〜9歩くらいのリズミカルな助走からふみ切ってとぶこと。

**エ** 走り高とびでは、5〜7歩くらいのリズミカルな助走からふみ切ってとぶこと。

（2）自分の力に合った課題の解決のし方、競争や記録へのチャレンジのし方をくふうするとともに、自分や仲間の考えたことをほかの友達や先生方に伝えること。

（3）陸上運動に積極的に取り組み、約束を守り、助け合って運動をしたり、勝敗を受け入れたり、仲間の考えや取り組みを認めたり、運動する場所や用具の安全に気をつけたりすること。

## D 水泳運動

水泳運動について、次のことを学びましょう。

（1）次の運動の楽しさや喜びを深く感じ取り、その行い方を理解するとともに、その技能を身につけること。

**ア** クロールでは、手や足の動きに呼吸を合わせて続けて長く泳ぐこと。

**イ** 平泳ぎでは、手や足の動きに呼吸を合わせて続けて長く泳ぐこと。

**ウ** 安全確保につながる運動では、背うきや、うきしずみをしながら続けて長くうくこと。

（2）自分の力に合った課題の解決のし方や記録へのチャレンジのし方をくふうするとともに、自分や仲間の考えたことをほかの友達や先生方に伝えること。

（３）水泳運動に積極的に取り組み、約束を守り、協力し合って運動をしたり、仲間の考えや取り組みを認めたり、水泳運動をするときに注意しなければならないことを守って安全に気をつけたりすること。

### E ボール運動

ボール運動について、次のことを学びましょう。

（１）次の運動の楽しさや喜びを味わい、その行い方を理解するとともに、その技能を身につけ、みんなが取り組みやすいようにルールを簡単にしたゲームをすること。

　**ア**　ゴール型では、ボール操作とボールを持たないときの動きによって、ルールを簡単にしたゲームをすること。

　**イ**　ネット型では、個人やチームで攻めたり守ったりしながら、ルールを簡単にしたゲームをすること。

　**ウ**　ベースボール型では、ボールを打つ攻めと隊形をとった守りによって、ルールを簡易化したゲームをすること。

（２）ルールをくふうしたり、自分やチームの特ちょうに応じた作戦を選んだりするとともに、自分や仲間の考えたことをほかの友達や先生方に伝えること。

（３）ボール運動に積極的に取り組み、ルールを守り、協力し合って運動をしたり、勝敗を受け入れたり、仲間の考えや取り組みを認めたり、運動する場所や用具の安全に気をつけたりすること。

**F 表現運動**

表現運動について、次のことを学びましょう。

（1）次の運動の楽しさや喜びを味わい、そのやり方を理解するとともに、表したい感じを表現したりおどりで交流したりすること。

　ア　表現では、いろいろな題材からそれらの主な特ちょうをとらえ、表したい感じをひと流れの動きで思いついたままにおどったり、簡単なひとまとまりの動きにしておどったりすること。

　イ　フォークダンスでは、日本の民踊や外国のおどりから、それらのおどり方の特ちょうをとらえ、音楽に合わせて簡単なステップや動きでおどること。

5年生・6年生の表現運動では、リズムダンスをやることもあるよ。

（2）自分やグループの課題の解決に向けて、表したい内容やおどりの特ちょうをとらえた練習や発表・交流のし方をくふうするとともに、自分や仲間の考えたことをほかの友達や先生方に伝えること。

（3）表現運動に積極的に取り組み、おたがいのよさを認め合い、協力し合っておどったり、運動する場所の安全に気をつけたりすること。

## G 保健

（1）心の健康について、課題を見つけ、その解決をめざした活動を通して、次のことを学びましょう。

ア　心の発達や不安、悩みへの解決の手立てについて理解するとともに、簡単な対処をすること。

（ア）心は、いろいろな生活経験を通して、年れいとともに発達すること。

（イ）心と体には、深い関係があること。

（ウ）不安や悩みへの対処には、大人や友達に相談する、仲間と遊ぶ、運動をするなどいろいろな方法があること。

イ　心の健康について、課題を見つけ、その解決に向けて考えたり、よりよい方法を選んだりするとともに、それらをまとめたり友達に伝えたりすること。

（2）けがの防止について、課題を見つけ、その解決をめざした活動を通して、次のことを学びましょう。

ア　けがの防止に関する次のことがわかるとともに、けがなどの簡単な手当をすること。

（ア）交通事故や身のまわりの生活の危険が原因となって起こるけがの防止には、周囲の危険に気づくこと、的確な判断をして安全に行動すること、環境を安全に整えることが必要であること。

（イ）けがなどの簡単な手当は、すぐに行う必要があること。

イ　けがを防止するために、危険を予測したりさけたりする方法を考え、それらをまとめたり友達に伝えたりすること。

（3）病気の予防について、課題を見つけ、その解決をめざした活動を通して、次のことを学びましょう。

ア　病気の予防についてわかること。

（ア）病気は、病原体、体のていこう力、生活行動、環境が関わりあって起こること。

（イ）病原体が主な要因となって起こる病気の予防には、病原体が体に入るのを防ぐことや病原体に対する体のていこう力を高めることが必要であること。

（ウ）生活習慣病など生活行動が主な要因となって起こる病気の予防には、適切な運動、栄養バランスのよい食事をとること、口の中や歯の衛生を保つことなど、望ましい生活習慣を身につける必要があること。

（エ）たばこをすう、酒を飲む、薬をまちがった方法で使うなどの行動は、健康を害する原因となること。

（オ）地域の保健所や保健センターなどでは、保健に関わるさまざまな活動が行われていること。

イ　病気を予防するために、課題を見つけ、その解決に向けて考えたり、よりよい方法を選んだりするとともに、それらをまとめたり友達に伝えたりすること。

# 10

## <ruby>外<rt>がい</rt></ruby><ruby>国<rt>こく</rt></ruby><ruby>語<rt>ご</rt></ruby>

## 1. 外国語（英語）を学ぶ目標

外国語（英語）を使ったコミュニケーションの中での見方や考え方をはたらかせ、外国語（英語）を聞いたり、読んだり、話したり、書いたりする学習活動を通して、コミュニケーションを図る基そとなる力を身につけましょう。

（1）外国語（英語）の音声や文字、語い、表現、文の組み立て、言語のはたらきなどについて、日本語と外国語（英語）とのちがいを知りましょう。

外国語（英語）を読んだり、書いたりすることに慣れ親しみ、聞いたり、読んだり、話したり、書いたりすることなど、実際のコミュニケーションの中で役立てられる基そ的な技能を身につけましょう。

（2）外国語（英語）でコミュニケーションを行う目的や場面、状況などに応じて、身近で簡単な事がらについて、聞いたり話したりするとともに、音声で慣れ親しんでいる外国語（英語）の語いや基本的な表現を推測しながら読んだり、語順を意識しながら書いたりして、自分の考えや気持ちなどを伝え合うことができる基そ的な力をつけましょう。

（3）外国語（英語）の背景にある文化に対する理解を深め、他者に配りょしながら、自分から進んで外国語（英語）を用いてコミュニケーションを図ろうとしましょう。

英語で伝えあう力を身につけようね。

## 2. それぞれの学年の目標と学ぶ内容

### 1.目標

英語の学習では、次のような「聞くこと」「読むこと」「話すこと［やり取り］」「話すこと［発表］」「書くこと」の5つのはん囲について学びましょう。

（1）聞くこと

ア　ゆっくり、はっきりと話されれば、自分のことや身近で簡単な事がらについて、簡単な語句や基本的な表現を聞き取ることができるようになりましょう。

イ　ゆっくり、はっきりと話されれば、ふだんの生活に関する身近で簡単な事がらについて、具体的な情報を聞き取ることができるようになりましょう。

ウ　ゆっくり、はっきりと話されれば、ふだんの生活に関する身近で簡単な事がらについて、短い話のだいたいの内容をとらえることができるようになりましょう。

（2）読むこと

ア　活字体で書かれた文字を見分け、その読み方を発音することができるようになりましょう。

イ　音声で十分に慣れ親しんだ簡単な語句や基本的な表現の意味がわかるようになりましょう。

（3）話すこと［やり取り］

ア　基本的な表現を用いて指示したりたのんだり、それらに応じたりすることができるようになりましょう。

イ　ふだんの生活に関する身近で簡単な事がらについて、自分

の考えや気持ちなどを、簡単な語句や基本的な表現を使って伝え合うことができるようになりましょう。

　ウ　自分や相手のこと、また身の回りの物に関する事がらについて、簡単な語句や基本的な表現を使ってその場で質問をしたり質問に答えたりして、伝え合うことができるようになりましょう。

（4）話すこと［発表］

　ア　ふだんの生活に関する身近で簡単な事がらについて、簡単な語句や基本的な表現を用いて話すことができるようになりましょう。

　イ　自分のことについて、伝えようとする内容を整理したうえで、簡単な語句や基本的な表現を用いて話すことができるようになりましょう。

　ウ　身近で簡単な事がらについて、伝えようとする内容を整理したうえで、自分の考えや気持ちなどを、簡単な語句や基本的な表現を用いて話すことができるようになりましょう。

（5）書くこと

　ア　大文字、小文字を活字体で書くことができるようになりましょう。また、語順を意識しながら音声で十分に慣れ親しんだ簡単な語句や基本的な表現を書き写すことができるようになりましょう。

　イ　自分のことや身近で簡単な事がらについて、例文を参考に、音声で十分に慣れ親しんだ簡単な語句や基本的な表現を用いて書くことができるようになりましょう。

## 2. 学ぶ内容

## 〔5年生・6年生〕

### 〈知ること・できるようになること〉

（1）英語の特ちょうやきまりに関する事がら

英語を使って、1. 目標の(1)〜(5)の「聞くこと」「読むこと」「話すこと［やり取り］」「話すこと［発表］」「書くこと」を学習するのにふさわしい次のア〜エの4つの言語材料について知るとともに、それらを組み合わせて実際に聞いたり話したりすることができる力を身につけましょう。

ア　音声

　（ア）〜（オ）の基本的な語や句、文を知ること

（ア）現代の標準的な発音

（イ）語と語の連結による音の変化

（ウ）語や句、文の基本的な強勢（声の力の程度、強弱）

（エ）文の基本的なイントネーション（声の調子の上がり下がり）

（オ）文における基本的な区切り

イ　文字とふ号

（ア）活字体の大文字、小文字

（イ）終止ふ（.）や疑問ふ（？）、コンマ（,）などの基本的なふ号

ウ　語、連語と慣用表現

アルファベットの大文字・小文字に慣れて、読んだり書いたりしようね。

（ア）5年生、6年生で学習するのに必要となる、3年生、4年生の外国語活動で学習した語をふくむ 600 〜 700 語程度の語

（イ）連語（2つ以上の語が結びついて、まとまった意味を表す語）のうち、get up、look at などの使う回数の多い基本的なもの

（ウ）慣用表現（よく使われている表現）のうち、excuse me（すみません）、I see（なるほど）、I'm sorry（ごめんなさい）、thank you（ありがとう）、you're welcome（どういたしまして）などの使う回数の多い基本的なもの

エ　文と文の組み立て

　　次の事がらについて、日本語と英語の語順のちがいなどを知り、くり返し聞いたり話したりする中で、基本的な表現として使うこと。

（ア）文

a　単文（主語と述語が1つずつ入っている文）

b　肯定、否定の平叙文（文末に終止ふ（.）がつく文）

c　肯定、否定の命令文

d　疑問文のうち、be［〜である］動詞で始まるものや助動詞（can［〜できる］、do［〜する］など）で始まるもの、疑問詞（who［だれ］、what［なに］、when［いつ］、where［どこ］、why［なぜ］、how［どうやって］）で始まるもの

e　代名詞のうち、I（わたし）、you（あなた）、he（かれ）、she（かのじょ）などの基本的なものをふくむもの

f 動名詞や過去形のうち、使う回数の多い基本的なものをふくむもの

(イ) 文の組み立て

a ［主語＋動詞］

b ［主語＋動詞＋補語］のうち、主語＋be動詞＋ { 名詞 / 代名詞 / 形容詞 }

c ［主語＋動詞＋目的語］のうち、主語＋動詞＋ { 名詞 / 代名詞 }

## 〈自分で考えたり、判断したり、表現したりする力〉

（2）情報を整理しながら自分の考えなどをつくり上げ、英語で表現したり、伝え合ったりすることに関する事がら

聞いたり話したりする目的や場面、状況などに応じて、情報を整理しながら自分の考えなどをつくり上げ、これらを表現することを通して、次の事がらを身につけましょう。

ア　身近で簡単な事がらについて、伝えようとする内容を整理したうえで、簡単な語句や基本的な表現を使って、自分の考えや気持ちなどを伝え合うこと。

イ　身近で簡単な事がらについて、音声で慣れ親しんだ簡単な語句や基本的な表現を推測しながら読んだり、語順に気をつけながら書いたりすること。

（3）英語の学習活動と言語のはたらきに関する事がら

① 英語の学習活動に関する事がら

英語を使った次のような学習活動をしてみましょう。

**ア　聞くこと**

(ア) 自分のことや学校生活など、身近で簡単な事がらについて、簡単な語句や基本的な表現を聞いて、それらを表すイラストや写真などと結びつける活動。

(イ) 日付や時刻、値段などを表す表現など、ふだんの生活に関する身近で簡単な事がらについて、具体的な情報を聞き取る活動。

(ウ) 友達や家族、学校生活など、身近で簡単な事がらについて、簡単な語句や基本的な表現で話される短い会話や説明を、イラストや写真などを参考にしながら聞いて、必要な情報を得る活動。

**イ　読むこと**

(ア) 活字体で書かれた文字を見て、どの文字であるかやその文字が大文字であるか小文字であるかを見分ける活動。

(イ) 活字体で書かれた文字を見て、その読み方を適切に発音する活動。

(ウ) ふだんの生活に関する身近で簡単な事がらを内容とする掲示物やパンフレットなどから、自分が必要とする情報を得る活動。

(エ) 音声で十分に慣れ親しんだ簡単な語句や基本的な表現を、絵本などの中から見分ける活動。

**ウ　話すこと［やり取り］**

(ア) 初対面の人や知り合いとあいさつを交わしたり、相手に指示したりたのんだりして、それらに応じたり断ったりする活

動。

（イ）ふだんの生活に関する身近で簡単な事がらについて、自分の考えや気持ちなどを伝えたり、簡単な質問をしたり質問に答えたりして伝え合う活動。

（ウ）自分に関する簡単な質問に対してその場で答えたり、相手に関する簡単な質問をその場でしたりして、短い会話をする活動。

**エ　話すこと［発表］**

（ア）時刻や日時、場所など、ふだんの生活に関する身近で簡単な事がらを話す活動。

（イ）簡単な語句や基本的な表現を用いて、自分の趣味や得意なことなどをふくめた自己紹介をする活動。

（ウ）簡単な語句や基本的な表現を用いて、学校生活や地域に関することなど、身近で簡単な事がらについて、自分の考えや気持ちなどを話す活動。

**オ　書くこと**

（ア）文字の読み方が発音されるのを聞いて、活字体の大文字、小文字を書く活動。

（イ）相手に伝えるなどの目的をもって、身近で簡単な事がらについて、音声で十分に慣れ親しんだ簡単な語句を書き写す活動。

（ウ）相手に伝えるなどの目的をもって、語と語の区切りに注意して、身近で簡単な事がらについて、音声で十分に慣れ親しんだ基本的な表現を書き写す活動。

（エ）相手に伝えるなどの目的をもって、名前や年れい、しゅ味、

**10**

**外国語**

好ききらいなど、自分に関する簡単な事がらについて、音声で十分に慣れ親しんだ簡単な語句や基本的な表現を用いた例の中から言葉を選んで書く活動。

② 言語のはたらきに関する事がら

英語を使った次のような学習活動をしてみましょう。

ア　英語を使う場面の例

(ア) 身近な暮らしに関わる場面

・家庭での生活　・学校での学習や活動　・地域の行事 など

(イ) 特有の表現がよく使われる場面

・あいさつ　　・自己しょうかい　　　・買物

・食事　　　　・道案内　　　　　　　・旅行　など

イ　言語のはたらきの例

(ア) コミュニケーションをなめらかに進ませる

・あいさつをする　・呼びかける　・相づちを打つ

・聞き直す　　　　・くり返す　など

(イ) 気持ちを伝える

・お礼を言う　　　・ほめる　　　　・謝る　など

(ウ) 事実・情報を伝える

・説明する　　　　・報告する　　　・発表する　など

(エ) 考えや意図を伝える

・申し出る　　　　・意見を言う　・賛成する

・承だくする　　　・断る　など

(オ) 相手の行動をさいそくする

・質問する　　・たのむ　　・命令する　など

# 11 外国語活動

## 1. 外国語（英語）活動の目標

外国語（英語）を使って自分の考えや気持ちを伝え合うときの見方や考え方をはたらかせ、外国語（英語）を聞いたり、話したりする学習活動を通して、自分の考えや気持ちを伝え合うためのもとになる力を身につけましょう。

（1）外国語（英語）の学習活動を通して、ことばや文化について知り、日本語と外国語（英語）との音声のちがいなどを知りましょう。

外国語（英語）の音声や基本的な表現に慣れ親しみましょう。

（2）身近で簡単な事がらについて、外国語（英語）で話したり聞いたりして自分の考えや気持ちなどを伝え合うための、もとになる力を身につけましょう。

（3）外国語（英語）を通して、ことばやそのもとになっている文化を知るとともに、相手のようすに気をつけながら、進んで外国語（英語）を使って自分の考えや気持ちを伝え合おうとしましょう。

外国語（英語）活動は、3年生・4年生で学ぶんだよ。「聞くこと」「話すこと」が活動の中心です。5年生・6年生の外国語（英語）学習につなげよう。

## 2. それぞれの学年の目標と学ぶ内容

### 1. 目標

　英語の学習では、次のような「聞くこと」「話すこと［やり取り］」「話すこと［発表］」の３つのはん囲について学びましょう。

**（1）聞くこと**

　**ア**　ゆっくり、はっきりと話されたときに、自分のことや身の回りの物を表す簡単なことばを聞き取れるようになりましょう。

　**イ**　ゆっくり、はっきりと話されたときに、身近で簡単な事がらについての基本的な表現の意味がわかるようになりましょう。

　**ウ**　文字の読み方が発音されるのを聞いたときに、どの文字であるかがわかるようになりましょう。

**（2）話すこと［やり取り］**

　**ア**　基本的な表現を使ってあいさつ、感謝、簡単な指示をしたり、それらに返事をしたりできるようになりましょう。

　**イ**　自分のことや身の回りの物について、ことばだけでなく身ぶりや手ぶりも交えながら、自分の考えや気持ちなどを、簡単なことばや基本的な表現を使って伝え合えるようになりましょう。

　**ウ**　先生や友達の力をかりながら、自分や相手のこと、身の回りの物の事がらについて、簡単なことばや基本的な表現を使って質問をしたり質問に答えたりできるようになりましょう。

11

外国語活動

（３）話すこと［発表］

ア　身の回りの物について、友達や先生に実際の物や写真、イラストなどを見せながら、簡単なことばや基本的な表現を使って発表できるようになりましょう。

イ　自分のことについて、友達や先生に実際の物や写真、イラストなどを見せながら、簡単なことばや基本的な表現を使って発表できるようになりましょう。

ウ　ふだんの生活に関する身近で簡単な事がらについて、友達や先生に実際の物や写真、イラストなどを見せながら、自分の考えや気持ちなどを、簡単なことばや基本的な表現を使って話せるようになりましょう。


## 2. 学ぶ内容
### 〔3年生・4年生〕

〈知ること・できるようになること〉

（１）英語の特ちょうに関する事がら

英語を使った学習活動を通して、次の事がらを身につけましょう。

ア　英語を使って進んで自分の考えや気持ちを伝え合うことの楽しさや大切さを知ること。

イ　日本と外国のことば（英語）や文化について知ること。

（ア）英語の音声やリズムなどに慣れ親しむとともに、日本語とのちがいを知り言葉のおもしろさや豊かさに気づくこと。

（イ）日本と外国との生活や習慣、行事などのちがいを知り、い

218

ろいろな考え方があることに気づくこと。

（ウ）ちがう文化をもつ人々との交流などを体験して、文化など
についての理解を深めること。

楽しみながら外国語（英語）を聞
いたり、話したりしようね。外国
の文化についても知ろうね。

〈自分で考えたり、判断したり、表現したりする力〉

（２）情報を整理しながら自分の考えなどをつくり上げ、英語で
表現したり、伝え合ったりすることに関する事がら

　自分の考えや気持ちを伝え合う目的や場面、その時のようす
などにしたがって、情報や考えなどを表現することを通して、
次の事がらを身につけましょう。

ア　自分のことや身近で簡単な事がらについて、簡単なことば
や基本的な表現を使って、相手のようすに気をつけながら、
伝え合うこと。

イ　身近で簡単な事がらについて、自分の考えや気持ちなどが
伝わるようくふうして、質問をしたり質問に答えたりするこ
と。

（３）英語の学習活動と英語のはたらきに関する事がら

① 英語の学習活動に関する事がら

　英語を使った次のような学習活動をしてみましょう。

ア　聞くこと

11

外国語活動

219

（ア）身近で簡単な事がらに関する短い話を聞いておおよその内容がわかる活動。

（イ）身近な人や身の回りの物に関する簡単なことばや基本的な表現を聞いて、それらを表すイラストや写真などと結びつける活動。

（ウ）文字の読み方が発音されるのを聞いて、活字体で書かれた文字と結びつける活動。

**イ　話すこと［やり取り］**

（ア）知り合いと簡単なあいさつを交わしたり、感謝や簡単な指示をしたりたのんだりして、それらに答える活動。

（イ）自分のことや身の回りの物について、動作を交えながら、好みや要求などの自分の考えや気持ちを伝え合う活動。

（ウ）自分や相手の好みや欲しい物などについて、簡単な質問をしたり質問に答えたりする活動。

> 自分から英語で気持ちを伝え合って、
> コミュニケーションを楽しもうね。

**ウ　話すこと［発表］**

（ア）身の回りの物の数や形状などについて、友達や先生に実物やイラスト、写真などを見せながら話す活動。

（イ）自分の好ききらいや、欲しい物などについて、友達や先生に実物やイラスト、写真などを見せながら話す活動。

（ウ）時刻や曜日、場所など、ふだんの生活に関する身近で簡単

な事がらについて、友達や先生に実物やイラスト、写真など
を見せながら、自分の考えや気持ちなどを話す活動。

② 英語のはたらきに関する事がら

英語を使った次のような学習活動をしてみましょう。

ア　英語の使用場面の例

(ア) 身近なくらしに関わる場面

・家庭での生活　・学校での学習や活動

・地域の行事　　・子どもの遊び　など

(イ) 特有の表現がよく使われる場面

・あいさつ　・自己しょうかい

・買物　　　　・食事

・道案内　など

イ　英語のはたらきの例

(ア) コミュニケーションをなめらかに進めさせる

・あいさつをする　　・相づちを打つ　など

(イ) 気持ちを伝える

・お礼を言う　　　・ほめる　など

(ウ) 事実・情報を伝える

・説明する　　　・答える　など

(エ) 考えを伝える

・申し出る　　　・意見を言う　など

(オ) 相手の行動をさいそくする

・質問する　　　・たのむ

・命令する　など

## 3年生・4年生で学ぶ外国語（英語）活動について

アルファベットの文字は、音声でのコミュニケーションを補うものとしてあつかわれるよ。

5年生・6年生で学ぶ「外国語（英語）」では、アルファベットの文字を読んだり書いたりくわしく勉強するよ。

# 12

## 総合的な学習の時間

**12**

## 1. 総合的な学習の時間の目標

　総合的な学習の時間を学ぶときに用いる探究的な見方や考え方をはたらかせ、学習を通して、よりよく課題を解決し、自分の生き方を考える力を身につけましょう。

（1）探究的な学習に取り組む中で、課題の解決に必要な知識や技能を身につけ、課題をとらえるための考え方をつくりあげるなどして、探究的な学習のよさを知りましょう。

（2）身のまわりの社会やふだんの生活の中から問いを見いだし、自分で課題を立て、情報を集め、整理・分せきして、まとめ・表現することができるようにしましょう。

（3）探究的な学習に意欲的に取り組んだり、友達と協働的に取り組んだりして、おたがいのよさを生かしながら、進んで社会に参加しようとしましょう。

## 2. それぞれの学校で決める目標と学ぶ内容

### 1.目標

　上の1. 総合的な学習の時間の目標（1）〜（3）をふまえ、それぞれの学校の総合的な学習の時間の目標を決めています。

> 3〜6年生の総合的な学習の時間では、国語や算数などのすべての教科で学んだことを生かして学習をするよ。

224

## 2. 学ぶ内容

　それぞれの学校では、1. 総合的な学習の時間の目標（1）～（3）をふまえ、それぞれの学校の総合的な学習の時間の学ぶ内容を決めています。

## 3. それぞれの学校の総合的な学習の時間の目標と学ぶ内容は、次のようにつくられています。

（1）総合的な学習の時間の目標は、それぞれの学校の教育目標をふまえ、総合的な学習の時間を通して身につける力を示しています。

（2）それぞれの学校の総合的な学習の時間の目標と学ぶ内容は、ほかの教科などの目標や学ぶ内容とのちがいをふまえながら、ほかの教科などで身につける力とのつながりを重視しています。

（3）それぞれの学校の総合的な学習の時間の目標と学ぶ内容は、ふだんの生活や社会との関わりを重視しています。

（4）それぞれの学校の総合的な学習の時間の学ぶ内容は、総合的な学習の時間の目標を実現するのにふさわしい探究課題と、探究課題の解決を通して身につける具体的な力を示しています。

（5）総合的な学習の時間の目標を実現するためにふさわしい探究課題については、それぞれの学校に合った、たとえば次のような内容にしています。

　・国際理解、情報、環境、福祉・健康、資源エネルギー、安全、食、科学技術などの現代的な課題に対応する横断的・

総合的な課題

・地域の人々のくらし、伝統と文化、防災など地域や学校の特色に合った課題

・ものづくり、生命など子どもが興味や関心をもつ課題

（６）探究課題の解決を通して身につける具体的な力については、次の事がらができるようになることが考えられています。

　　ア　知識と技能については、ほかの教科などや総合的な学習の時間で身につける知識と技能がおたがいに関連づけられ、ふだんの生活の中で使うことができるようになること。

　　イ　考える力、判断する力、表現する力などについては、課題の設定、情報の収集、整理・分せき、まとめ・表現などの探究的な学習に取り組む中で発揮できるとともに、はじめて取り組む課題に対しても、それらの力を発揮できるようになること。

　　ウ　探究的な学習に友達と協働的に取り組むとともに、おたがいのよさを生かしながら社会に参加しようとすることについては、自分自身に関することと、周囲の人たちや社会との関わりに関することの両方の視点をもつことができるようになること。

（７）総合的な学習の時間の目標を実現するためにふさわしい探究課題や、探究課題の解決を通して身につける力については、教科などを越えたすべての学習のもとになる力として、使いこなすことができるようになること。

## ●本書の作成に協力していただいた先生方

### 監修
石井英真　　　京都大学大学院教育学研究科准教授

### 教科の内容について点検していただいた先生方
浅井正秀　　　東京都葛飾区教育委員会学校経営アドバイザー

猪瀬守恵　　　東京都葛飾区立細田小学校主幹教諭

折田真一　　　東京都葛飾区立東金町小学校副校長

折本昭一　　　東京都葛飾区立梅田小学校校長

河瀬正和　　　東京都葛飾区立上小松小学校主任教諭

木間東平　　　東京都葛飾区立柴又小学校校長

田代 淳　　　東京都葛飾区立白鳥小学校校長

田村和明　　　東京都葛飾区立上小松小学校主幹教諭

森 進一　　　東京都葛飾区立川端小学校校長

吉塚由紀子　　東京都葛飾区立奥戸小学校校長

渡邊梨恵　　　東京都葛飾区立中青戸小学校指導教諭

(五十音順)

◆本書を作成するにあたり、文部科学省の「小学校学習指導要領」(2017 年告示)
　とそれに基づく各教科の解説編を参考にしました。

「小学校学習指導要領」　　　　　　　「小学校学習指導要領解説 音楽編」

「小学校学習指導要領解説 国語編」　　「小学校学習指導要領解説 図画工作編」

「小学校学習指導要領解説 社会編」　　「小学校学習指導要領解説 家庭編」

「小学校学習指導要領解説 算数編」　　「小学校学習指導要領解説 体育編」

「小学校学習指導要領解説 理科編」　　「小学校学習指導要領解説 外国語活動・外国語編」

「小学校学習指導要領解説 生活編」　　「小学校学習指導要領解説 総合的な学習の時間編」

【監修者紹介】

**石井英真**（いしい てるまさ）

京都大学大学院教育学研究科准教授、博士(教育学)
日本教育方法学会常任理事、日本カリキュラム学会理事、文部科学省「今後の教育課程、学習指導及び学習評価等の在り方に関する有識者検討会」委員
主な著書に、『今求められる学力と学びとは』(単著、2015年)、『中教審「答申」を読み解く』(単著、2017年)、『未来の学校』(単著、2020年) [以上、日本標準]、『再増補版　現代アメリカにおける学力形成論の展開』(単著、東信堂、2020年)、『授業づくりの深め方』(単著、ミネルヴァ書房、2020年)、『流行に踊る日本の教育』(編著、東洋館出版社、2021年)、『ヤマ場をおさえる学習評価 小学校・中学校』(編著、図書文化、2021年)など。

編集協力：こんぺいとぷらねっと
表紙・本文イラスト：石川えりこ
デザイン：輿水典久
DTP：ベラビスタスタジオ、小松 礼

## こども学習指導要領

2024年3月30日　　第1刷発行

監　修　石井英真
編　集　こども学習指導要領 編集委員会
発行者　河野晋三
発行所　株式会社 日本標準
　　　　〒350-1221　埼玉県日高市下大谷沢91-5
　　　　電話 04-2935-4671　FAX 050-3737-8750
　　　　URL https://www.nipponhyojun.co.jp/
印刷・製本　株式会社 リーブルテック